Dr. Hans-Joachim Trumpp

Polarität und Einheit in Geist und Physik

AF206554

Buch

Ausgehend von den Grundlagen auf geistigen wie auf physikalischen Gebieten, wird versucht werden, ein möglichst vollständiges Weltbild aufzubauen. Dieses braucht Geist *und* Physik in gegenseitiger Ergänzung. Das Motto des „Sowohl als auch", mit dem Zulassen des gegenseitigen Lernens, wird zum Schlüssel für ein verbessertes Verständnis unserer aus polaren Gegensätzen aufgebauten Welt. Diese Polaritäten bilden die Grundstruktur dieser unserer Welt auf dem geistigen wie auf dem wissenschaftlichen Gebiet. Sie unterliegen Gesetzen, die überall gelten, und diese erweisen sich als ein mächtiges Werkzeug für ein tieferes Verständnis der rhythmischen Vorgänge in unserer lebendigen Welt und in unserem Leben.

Autor

Hans-J. Trumpp hat als Physiker bei IBM gearbeitet (IBM = International Business Machines).
Parallel dazu weckten Religionen und Philosophien sein besonderes Interesse. So konnte er die Welt der Wissenschaft mit der Welt des Geistes bereichern und vervollständigen.

2013 Veröffentlichung des Buches
„Masterplan Cheopspyramide".

Dr. Hans-Joachim Trumpp

POLARITÄT UND EINHEIT

IN

GEIST UND PHYSIK

Aussagen eines vollständigen Weltbilds

Herstellung und Verlag:
BoD – Books on Demand, Norderstedt

ISBN 978-3-7460-1007-6

Bibliografische Information der Deutschen
Nationalbibliothek

Vorwort

In diesem Buch wird versucht, ein möglichst vollständiges Weltbild zu erarbeiten. Deshalb enthält es beides, die Geisteswelt und die Wissenschaft. Manche Leser sind vielleicht der Meinung, diese beiden Welten hätten wenig miteinander zu tun. Wie zu zeigen sein wird, liegen jedoch beiden dieselben Gesetzmäßigkeiten zugrunde.

Es ist meine Meinung, ein vollständiges Weltbild kann es nur dann sein, falls es nichts ausschließt, ausklammert oder ablehnt. Es lässt alles zu und begreift die vom Schöpfer geschaffene Welt als Einheit. Es ist die Einheit, die alles umfasst, was ist.

Für uns als Individuen und beim Erleben tritt diese Einheit zuerst meist nicht in ihrer Ganzheit sofort zu Tage. Wir sehen nur Teile von ihr, weil wir sie in einem bestimmten Zeitraum sozusagen nur zur Hälfte erleben. Wir stellen uns vor, es sei gerade Krieg, und dann ist der den Krieg zu einer Einheit ergänzende Frieden eventuell in weiter Ferne. Deshalb können wir Einheit nur über die Zeit erfahren. Das erschwert es natürlich, Einheit überhaupt als solche zu erkennen, denn ihre sich polar gegenüberstehenden Hälften haben scheinbar wenig miteinander zu tun.

Diese Einheiten und ihre Gesetzmäßigkeiten sind aber meiner Meinung nach das Wichtigste, was es für uns gibt. Wie zu zeigen sein wird, sind sie der Schlüssel für ein verbessertes Verständnis unserer Welt, und auch wir selbst können uns mit ihrer Hilfe besser verstehen. Das wird das Hauptthema dieses Buches sein.

Es wird dabei darum gehen dem Leser das „Sowohl als auch" dieses Weltbilds näher zu bringen, um so seine Vollständigkeit, und die der Welt als eine Einheit, zu entdecken. Trifft dieses Bild auf unsere Welt wirklich zu, so ergeben sich daraus weitreichende Konsequenzen. Falls die Welt wirklich vollständig ist, muss sie nämlich nicht ständig verbessert werden. Wie zu zeigen sein wird, ist die Gefahr sehr groß, dass eine „Verbesserung" gleichzeitig auch eine „Verschlechterung" bewirkt. Das ist eine natürliche Folge der Gesetze, die der Polarität innewohnen. Weltverbesserung erweist sich dann als Illusion, denn eine vollständige Welt kann gar nicht verbessert werden. Sie wandelt sich jedoch ihren Gesetzen entsprechend in Rhythmen. Diese gilt es zu erkennen, zuzulassen und in positiver Weise zu begleiten.

Insgesamt muss es dann eher darum gehen, unseren Blick so sehr zu erweitern, dass er diese Vollständigkeit zulässt und auch erfasst. Deshalb ist diese Erweiterung ein individueller Weg. Er kann nur von einzelnen Menschen beschritten werden und verlangt Aktivität. Er ist kein Selbstläufer und hat seine Mühen. Er verspricht aber reiche Belohnung für die, die ihn wirklich gehen.

Inhaltsangabe

I

Inhaltsangabe

II

Inhaltsangabe

Inhaltsangabe

Inhaltsangabe

Exkurse

V

Teil 1

Grundlagen der Welt des Geistes und der Physik

Zwei Basisaussagen des Weltbilds

Erstaunlicherweise braucht man nur *zwei Aussagen*, um sinnvoll über unsere Welt nachdenken zu können und sie so besser zu verstehen:

> ➤ *Sie ist vollständig.*

Wenn das All alles umfasst, was ist, muss sie wohl vollständig sein. Das ist natürlich kein Beweis. Die Stimmigkeit und Gültigkeit dieser Aussage kann aber erst später besser belegt werden.

> ➤ *Sie ist in sich polar strukturiert.*

Das ist allgemein anerkannt und eine Widerlegung dieser Aussage ist nicht bekannt.

Ob bewusst oder unbewusst, waren die obigen Aussagen schon immer die Basis für die Menschen, auf der sie Gedankengebäude zu errichten versuchten, um ihre geistige Welt besser zu verstehen, oder um wissenschaftliche Theorien zu entwickeln, die die materielle Welt beschreiben sollten.

Wir ziehen hier erste Schlüsse:

- Die Welt enthält dann alle geistigen Wesenheiten und alle materiellen Dinge die es gibt.
- Auf Grund der polaren Struktur erlaubt sie Erkenntnis auf geistigem wie auf materiellem Gebiet. Das ist so, weil ein geistiges Wesen als Subjekt ein ihm gegenübergestelltes Objekt prinzipiell erkennen kann, sei das Objekt geistig oder materiell.

- Soweit bekannt, kann Erkenntnis jedoch nur vom Geist ausgehen. Das kann als Axiom oder als eine Grundvoraussetzung gesehen werden.

Wir selbst empfinden uns oft nicht als vollständig. Auf den ersten Blick scheint das im Widerspruch zur hier postulierten Vollständigkeit zu stehen, falls wir diese Aussage auch direkt auf uns anwenden.

Deshalb lassen wir hier den Gedanken zu:

Wir sind in Wirklichkeit vollständig, können das aber (noch) nicht so erleben oder erkennen. Daraus ergibt sich unsere Lebensaufgabe. Sie heißt Erkenntnis, und zwar der eigenen Vollständigkeit und der Vollständigkeit der Welt. So ist es unsere Aufgabe, uns durch Erkenntnis in Richtung auf unsere Vollständigkeit hin zu entwickeln, um so völlig bewusst ganz oder heil zu werden.

Im Folgenden soll Basiswissen auf geistigem und dann auf wissenschaftlichem Gebiet dargestellt werden, das dann dazu benutzt werden soll, die weiterführenden Gedanken zu entwickeln. Es würde jedoch den Rahmen des Buchs sprengen, das Basiswissen vollständig darzustellen, denn es geht ja um Alles, was es in unserer Welt gibt. Wir werden uns so auf wesentliche Themen beschränken müssen und gegebenenfalls auf andere Quellen verweisen. Trotz dieser Einschränkung haben wir dann ein solides Fundament, auf dem wir unsere Sicht der Vollständigkeit der Welt mit innerer polarer Struktur ausbreiten können. Die Ergebnisse und Konsequenzen, die aus diesem Weltbild erschlossen werden können, sind jedenfalls überraschend tiefreichend und spektakulär.

Wir werden sehen, dass auf geistigem wie auf wissenschaftlichem Gebiet *Grundannahmen* notwendig waren, um überhaupt anfangen zu können, Vorstellungen und Theorien zu entwickeln. Diese kann man auch als *Axiome* bezeichnen. Sie können nicht weiter begründet werden und müssen als Erkenntnisse zugrunde gelegt oder abgelehnt werden. Nur ihre innere Widerspruchsfreiheit muss gegeben sein.

Schöpfungsvorstellungen, Religionen und Philosophien

Hier sind wir bei den Schöpfungsvorstellungen der Völker, bei ihren Religionen und Philosophien angelangt. Religion heißt übersetzt „Rückverbindung zum Anfang". Deshalb besteht die Lehre einer Religion meist darin, Wege aus der polaren Welt heraus und zurück zur Einheit mit Gott anzubieten.

Nun ist die Vielfalt der Religionen auf unserer Welt so groß, dass wir eine Auswahl vornehmen müssen. Wie die Bezeichnungen monotheistisch, polytheistisch usw. zeigen, ist auch ihre innere Struktur unterschiedlich. Verkompliziert wird die Situation noch dadurch, dass auf der Basis einer Religion fast immer weltliche Kirchen errichtet wurden, die mehr oder weniger auch Gebäude der Macht wurden. Als natürliche Probleme, die damit verbunden sind, nennen wir hier Glaubenskriege, Unterdrückung von Andersgläubigen als „Ungläubige", und Intoleranz. Bezeichnenderweise sind und waren die Auseinandersetzungen innerhalb von „gespaltenen" Kirchen am intensivsten (Stichwort Deutungshoheit). Wir wollen das hier nicht weiter vertiefen, weil diese Probleme der weltlichen Ausprägungen von Religionen für unser eigentliches Thema nicht sehr ergiebig sind, außer dass sie besonders intensive Ausprägungen der Polarität anzeigen. Deshalb beschränken wir uns auf manche der ursprünglichen Lehren. Damit sollen jedoch keine Wertungen und schon gar keine Abwertungen verbunden sein.

Erwähnt werden soll hier auch der *Atheismus*. Das ist die Ablehnung von Gottesvorstellungen aus welchen

Gründen auch immer. Hier handelt es sich auch um einen Glauben, wenn auch um einen sehr dürftigen. Ein Atheist glaubt nämlich „es gibt Gott nicht". Weder das eine noch das andere ist beweisbar.

Auch die Lehren, Religionen und Philosophien, mit denen wir uns beschäftigen wollen, können nur skizzenhaft umrissen werden. Ausgewählt wurden:

- Die ägyptischen Schöpfungsvorstellungen.
- Die Lehre Buddhas.
- Die Religion der Christen.
- Die Lehre der Esoterik, die den Anspruch hat „Das Urwissen der Menschheit" zu besitzen. Als Basis dient hier die Hermetische Philosophie.

Aus der reichhaltigen Welt der Philosophien werden zu Beginn des zweiten Teils des Buches noch viele weitere angesprochen werden.

Polarität Gesicht-Vase

Ein schönes Beispiel für Polarität ist dieses Vexierbild Gesicht/Vase. Wir können entweder das eine oder das andere erkennen, und das nacheinander. So kann man hier erahnen, dass beim Durchleben der Polaritäten Zeit erst entsteht. Addiert man die beiden Bilder, so kommt „Nichts" heraus.

Die ägyptischen Schöpfungsvorstellungen

Wir beginnen hier mit den ältesten komplett bekannten Schöpfungsvorstellungen, die auch bezüglich ihres Reichtums und ihrer Vollständigkeit etwas ganz Besonderes darstellen (siehe auch Lit. 1, DER EINE UND DIE VIELEN von Erik Hornung).

Der zentrale Punkt ist: Der Schöpfergott mit Namen „Atum" erschuf die Welt durch *Differenzierung*, *Nachahmung* und *Vervielfältigung seiner selbst* und so aus sich selbst heraus. Er selbst gilt nicht als erschaffen, „entstand von allein" und „hat das Entstehen begonnen". Deshalb war es für die Ägypter ganz natürlich, dass alles Erschaffene göttlich ist. Als androgyne, d.h. ungeschlechtliche Urzeugung erschuf er die Götter „Feuchte" (weiblich) und „Raum/Luft" (männlich). Ab da lief die weitere Schöpfung geschlechtlich in der Polarität ab, und diese beiden Götter zeugten die „Erde" (männlich) und den „Himmel" (weiblich). Diese zeugten dann die für die menschliche Welt zuständigen Götter Osiris, Isis, Seth und Nephtys. Osiris ist der mythische erste König Ägyptens, der zum Herrscher der Unterwelt wurde. Dort spielte sich, unserem Jenseits entsprechend, „das zweite Leben" der Ägypter ab. Der jeweilige König versuchte sich als „Horus" (= Sohn des Osiris) so innig wie möglich mit Osiris zu verbinden, um dann im zweiten Leben selbst zu Osiris und damit zum Herrscher des Jenseits zu werden. Somit war auch der jeweilige König ein Gott. Seine Aufgabe war es, die Fruchtbarkeit Ägyptens und damit das Leben der Ägypter dauerhaft zu erhalten und zwar im Diesseits wie im Jenseits. So dienten auch die aufwendigen Königsgräber nur diesem Zweck. Jedenfalls störten sich die Ägypter nicht daran, dass über die Zeit hoffentlich viele ihrer Könige zu Osiris geworden waren. Die Sonnenbarke bot Platz für viele.

Bei diesen Schöpfungsvorstellungen wurde die aus dem Schöpfer durch Vervielfältigung hervorgegangene Welt als Teil des Schöpfers gesehen, die dieser ganz umfasst. Die Welt umfasst jedoch nicht den Schöpfer! Es bleibt ein unendlicher Rest, der nicht in die polare Existenz des Seienden gegangen ist. Der Zustand des Schöpfers vor der Schöpfung wurde nicht als Existenz in einer Welt gesehen und durch verneinende Aussagen umschrieben.

Hier ein paar Beispiele von vielen:

- Als ich noch keinen Ort hatte auf dem ich hätte stehen können (es gab keinen Raum! Alles befindet sich noch in der Einheit. Der Raum-Luft Gott hat Himmel und Erde noch nicht getrennt. Es existieren keine Lebewesen, ja überhaupt kein Leben, deshalb auch kein Tod und auch keine Götter. Ohne Raum gibt es auch keine Bewegung, keinen rhythmischen Wechsel von Tag und Nacht; keine Zeit!).
- Ich war Atum als ich *allein* im Urwasser war (der strukturlose und undifferenzierte Zustand vor der Schöpfung. Es gab noch nicht ein Ding, alles ruhte noch in der Einheit, war nichtexistent).
- Als noch kein Streit entstanden war (das ist eine Anspielung auf den Streit zwischen Horus und Seth im Osirismythos. Sie verneint eigentlich jede Auseinandersetzung, jede Bewegung).

Wir fassen zusammen: Der Zustand vor der Schöpfung wurde als Raum-und Zeitlos sowie als Nichtexistenz oder Nichtsein gesehen. Es gab noch nicht ein Ding und so natürlich auch nicht zwei oder mehrere. Es war der Zustand der Einheit mit dem Schöpfer, der auch als Vollkommenheit bezeichnet wurde. Die Analogie zur Lehre Buddhas ist offensichtlich: Die Rückkehr in das

Nirwana (=Nichtsein, Nichts) bedeutet dort genauso Nichtexistenz und Ausscheiden aus den Reinkarnationszyklen des Seins durch die Vollkommenheit der Erleuchtung.

Der Zustand in der Schöpfung, das Sein, war für die Ägypter zwar sehr lang, jedoch trotzdem zeitlich begrenzt für Menschen wie für Götter: „Die Millionen Jahre, die dem Sein und Leben gegeben sind". Im Kontrast zur Lehre Buddhas war die Rückkehr in das „Nichtsein" jedoch kein attraktives Ziel. Das wollte der Ägypter vermeiden. So sollten ihm die Ratschläge des Totenbuchs es ermöglichen, weiter im Sein zu bleiben und im zweiten Leben weiter zu existieren. So sagt der Ägypter bei der Ankunft im Jenseits „Ich kenne das Nichtseiende nicht". Das zweite Leben sollte so lange wie möglich in Heil, Wohlergehen und Fruchtbarkeit dauern. Das extrem ausgeprägte Streben der Ägypter nach Dauerhaftigkeit und Heil wird hier verständlicher.

Wir kommen hier noch zu den Glaubensvorstellungen um die Sonne Ré, die im Alten Reich in der III. und IV. Dynastie um 2600 v. Chr. in Heliopolis bei Kairo entwickelt wurden. Wir wissen, die Sonne Ré wurde als Garant der Fruchtbarkeit Ägyptens verehrt, sowie wegen des Gestaltens des rhythmischen Wechsels von Tag und Nacht und ihrer als fast endlos dauerhaft erscheinenden Kraft. Ein Zitat aus dem Totenbuch bezeugt:
„Ich bin Atum, als ich im Urwasser allein war. Ich bin Ré bei seinem Erglänzen."
Damit ist Ré der Stellvertreter des Urschöpfers *innerhalb* der Schöpfung und dies erklärt auch die Bedeutung von Ré für König, Priester und alle Ägypter. Diese Aussage wurde sicher nicht als Identität von Atum und Ré verstanden, denn der Schöpfergott kann nicht mit etwas

gleich sein, das er geschaffen hat und das wie alles Geschaffene letztlich sterblich ist. Bezieht man die Aussage aber auf das schöpferische Prinzip, so ist die Sonne Ré in der Schöpfung eine angemessene Verkörperung davon.

Insgesamt ist die hier skizzierte Vorstellung der Ägypter über die Schöpfung bezüglich ihrer Vollständigkeit und ihrer inneren Stimmigkeit eine der schönsten, die auf unserer Erde entwickelt wurde. Auch die innere polare Struktur der Welt ist sauber begründet. Das zeigt die geschlechtliche Fortpflanzung der ersten geschaffenen Götter, die allem Geschaffenen eine männliche oder eine weibliche Eigenschaft zuweist.

In Ägypten gab es noch eine Vielfalt ähnlicher Schöpfungsvorstellungen, die hier nicht ausgebreitet werden können. Insgesamt kann hier trotzdem die fast unglaublich hohe Intensität erahnt werden, mit der Religion in Ägypten gelebt wurde. In dem damaligen Zeitalter des Stiers (~4400 bis 2200 v. Chr.) kam sie sozusagen auf die Erde und durchdrang dort alle Lebensbereiche.

Es ist hochinteressant, diese ägyptischen Schöpfungsvorstellungen den Erkenntnissen der modernen Physik mit dem Urknall gegenüberzustellen. Wir kommen später darauf zurück. (Siehe die Seiten 102 bis 106).

Im Folgenden skizzieren wir *die Lehre Buddhas*. Sie wird zeigen: Dort wo der Ägypter seine Herkunft sah, aber eine Rückkehr ins Nichtsein kein attraktives Ziel war, dorthin strebt ein Jünger Buddhas.

Die Lehre Buddhas

Der Begründer der Lehre **Siddhartha Gautama** lebte um 500 v.Chr. in Indien. Sein Name bedeutet „der das Ziel erreicht hat" und der Name Buddha „der Erwachte". Damit ist „Erleuchtung bei vollem Bewusstsein" gemeint.

Jedem Menschen soll es im Prinzip möglich sein, durch Befolgung der Lehre Buddhas und Meditation den endlosen leidvollen Kreislauf (Samsara) von Geburt und Wiedergeburt durch Erleuchtung zu beenden und im Nirwana, d.h. im „Nichts" aufzugehen. (Die Lehre Buddhas wird hier nicht im Detail erklärt; Interessierte sollten am besten das Internet bemühen, wo alle Grundlagen der Lehre leicht zugänglich sind).

König Ashoka schickte im 3. Jahrhundert v. Chr. Gesandte in viele Reiche, wodurch die Lehre Buddhas über ganz Asien Verbreitung fand.

Nach dieser Lehre ist das Verlassen der Existenz in der polaren Welt ein attraktives Ziel. Hier ist ein wichtiger Unterschied zum Alten Ägypten. Dort war die Rückkehr in das „Nichtsein" kein attraktives Ziel. Es war sowieso nicht vermeidbar und wird nach „den Millionen Jahren, die dem Sein und Leben gegeben sind", automatisch eintreten.

Ein wichtiger Punkt ist, die Lehre Buddhas predigt nicht Kampf und Verbreitung über die Erde durch Kampf, Krieg und Auseinandersetzung. Sie ist mit den anderen Religionen nicht vergleichbar und in ihrer weltlichen Ausprägung schon gar keine „Kampfreligion". Die Mönchsorden sind und waren friedlich und konnten deshalb von Religionen, deren Ziel es war, in der weltlichen Verbreitung auch durch Macht, Krieg und Kampf voranzukommen, leicht zurück gedrängt werden. So vertrieb der Hinduismus viele Anhänger Buddhas aus Indien und der Islam tat ein Übriges. Durch die

Friedlichkeit der Lehre war sie jedoch sehr befruchtend für viele Kulturen, deren Religionen und Philosophische Anschauungen von dem Gedankengut Buddhas befruchtet wurden (Stichworte: Chan-Buddhismus und später in Japan Zen). So gibt es heute auch in den westlichen Kulturen ein starkes Interesse, diese Gedanken aufzunehmen und von ihnen zu lernen.

Ein wichtiger Begriff ist das Karma. Im Verlauf der Wiedergeburten „setzt" der Mensch durch sein Tun und Handeln sowie sein Denken und Fühlen „Karma", das in folgenden Leben durch Leid wieder eingelöst werden muss (schlechtes Karma) oder als Talente, Glück etc. erlebt wird (gutes Karma). Das Ziel ist jedoch, möglichst überhaupt kein neues Karma mehr zu setzen, um so das Beenden der Existenz zu ermöglichen. Deshalb sind dabei weder gute noch schlechte Taten erstrebenswert.

Eine zweite wichtige Aussage Buddhas ist: „Objektive" Erkenntnis ist eine Illusion. Es gibt nur subjektive Erkenntnis, die somit an das Individuum geknüpft ist und auch nicht direkt übertragbar ist. So wird die äußere Welt der Formen (Maja) als die Welt der Täuschungen bezeichnet, weil sie innere Erkenntnis eher verschleiert.

Dieser Punkt objektiv/subjektiv bei der Erkenntnis wird uns später noch ausgiebig beschäftigen. So bei der Hermetischen Philosophie, aber auch bei der Physik.

Wie dem Leser vielleicht aufgefallen ist, haben wir die Lehre Buddhas nicht als Religion bezeichnet, weil die Anhänger Buddhas das selbst so sehen. Da jedoch das Ziel der Lehre das Beenden der polaren Existenz und Rückkehr in die Einheit des Anfangs ist, ist das nicht ganz korrekt. So ist es in diesem Sinn doch Religion und Rückverbindung. Aber die Rückkehr ist nicht gesehen als Rückkehr zu einem Schöpfer oder Gott, und darin besteht ein wichtiger Unterschied zu anderen Religionen.

Die Religion der Christen

Etwas über den eigenen Kulturkreis zu schreiben ist eine größere Herausforderung als vorher gedacht. Es ist die persönliche Verflochtenheit und die Wirkung der Tradition und Erziehung, die eine unvoreingenommene Beschäftigung mit dem Thema zur Illusion werden lässt. Das gilt wahrscheinlich sogar für Menschen unserer Kultur, die sich selbst gar nicht als christlich bezeichnen würden.

In meinem Fall ist die Wertschätzung besonders der Gedanken von Jesus voll ausgeprägt. Das gilt jedoch nicht gleichermaßen für die weltliche Kirche, die m. E. die ursprünglichen Gedanken von Jesus verändert hat und sie anders lebt. Ein besonders wichtiger Punkt ist hier die **Sünde,** *die als* **vermeidbar** *dargestellt wird und in den Bereich des* **Bösen** *abgedrängt wurde.* Das hat Jesus anders gesehen. Beim Anblick eines von Geburt an Blinden antwortete er seinen Jüngern auf die Frage, ob dieser oder seine Eltern gesündigt habe, dass er blind geboren wurde: „Es hat weder dieser gesündigt noch seine Eltern, sondern dass die Werke Gottes offenbar würden an ihm" (d.h. Gott hat eine Welt geschaffen, zu der es auch gehört, dass jemand blind auf die Welt kommen kann).

Wird aber Sünde zum Bösen gerechnet, vermieden und dann gar nicht mehr gesehen, so wird sie, weil in der Polarität nicht vermeidbar, zum „Schatten" (C.G. Jung) des Menschen und der Kirche und tobt ihre Energien in dem nun unbewussten Bereich aus. So gilt auch für Gut und Böse: Es ist zusammen etwas Vollständiges und kann deshalb nicht aufgeteilt und nur zur Hälfte gelebt werden, ohne dass die nicht gelebte Hälfte ihre Existenzberechtigung erzwingt. Nach meinem Dafürhalten ist dieser Umgang mit Sünde der

12

Hauptgrund, dass die Kirche intolerant wurde bis hin zu Inquisition, Hexenverbrennung und Kreuzzügen. Das waren nicht die Gedanken von Jesus.

Das Beispiel zeigt, wie gefährlich abgelehnte und unbewusst gewordene Lebensbereiche sind. Schicksalhaft beschäftigt man sich besonders und gerade mit ihnen im Außen (denn im Inneren hat man sie ja nicht sehen wollen), bis das Abgelehnte sich Bahn bricht und sich so auf eine Weise verwirklicht, die man nun wirklich nicht wollte!

Zu dem Thema abgelehnte und unbewusst gewordene Lebensbereiche gehört auch die Sexualität im Zölibat. Die Verpflichtung zur Ehelosigkeit im Zölibat wird in den verschiedenen Kirchen sehr unterschiedlich gehandhabt. In der westlichen katholischen Kirche ist die Vorschrift zum Zölibat am strengsten und für angehende Priester mit der Weihe zum Diakon kirchenrechtlich grundsätzlich verpflichtend (eine gute Übersicht findet sich in der Enzyklopädie Wikipedia. Wegen der Komplexität des Themas kann es in unserer konzentrierten Darstellung nicht angemessen dargestellt werden). Hier interessiert uns besonders die Verhinderung von Sexualität, die der Zölibat für Männer aber auch für Frauen in bestimmten Positionen vorschreibt. Damit wird von etwas Vollständigem, nämlich der Sexualität Mann/Frau, jeweils die Hälfte unterdrückt. Ein Weg, wie sich die so in den Schatten gedrängte und nicht gelebte Sexualität Bahn brechen kann, ist der Missbrauch von Abhängigen. Solange die jeweilige kirchliche Institution den Zölibat vorschreibt, wird sie mit den Konsequenzen leben müssen.

Auch zeigt schon die Frage der Jünger im obigen Beispiel, dass *Reinkarnation* zu Zeiten Jesu als selbstverständlich gesehen wurde. Die Kirche hat jedoch versucht, die Reinkarnation im Konzil von Justinian im

Jahre 533 abzuschaffen („Wer eine fabulöse Präexistenz der Seele ...lehrt, der sei verflucht"). So wird nun gelehrt, dass ein Christ in einem Schritt oder Leben zu Gott Vater zurückkehren könne.

Auch die Spaltung der Kirche und die Gründung einer schon fast nicht mehr überblickbaren Anzahl sich voneinander unterscheidender christlicher Kirchen und zahlloser Sekten ist zu einem guten Teil eine Folge des nach meinem Erachten unangemessenen Umgangs der Kirche mit der Sünde und dem Bösen.

Noch fragwürdiger ist die Erfindung des Teufels als Gott ergänzende Kraft. Dadurch ist dieser für das Böse zuständig und Gott für das Gute. So hat man Gott in die Polarität gezogen und ihm einen Teil seiner Welt sozusagen abgezwackt! Das geht nun aber am Schöpfungsgedanken völlig vorbei. Gott war und muss für Alles zuständig bleiben, was er geschaffen hat. Der nur liebe Gott ist eine Illusion! In unserem Denken sollten wir ihn vollständig belassen! So ist die von ihm erschaffene Welt etwas Vollständiges auch in Bezug auf ihre inneren Gesetze, die ein weiteres Eingreifen seinerseits in die Schöpfung völlig überflüssig macht.

Ein besonderes Charaktristikum des Christentums ist seine Entstehung auf der Basis eines Alten Testaments und eines Neuen Testaments. Dabei entstand das Alte Testament auf der Basis des jüdischen Glaubens mit einem rächenden Gott, der die Feinde vernichten soll und dem „Auge um Auge, Zahn um Zahn". Ausgehend von Jesus und seinen Jüngern entstand später das Neue Testament mit dem Kontrastprogramm „Liebet eure Feinde", und „Segnet die euch fluchen". Wenn der Rat dieser tiefen Weisheit nur leichter zu befolgen wäre! Beide Testamente nun sozusagen unter einem Hut zu leben und zu praktizieren ist natürlich auch eine besondere Herausforderung. Trotz der (scheinbaren?) inneren Widersprüche ist es insgesamt etwas Vollständiges und so ein großer Schatz.

Nach diesen Vorbemerkungen kommen wir nun zur christlichen Schöpfungsgeschichte. Diese ist vielen Lesern bekannt und wir wollen nur besonders wichtige Elemente aus ihr darstellen und diese dann auch im Vergleich zu anderen Schöpfungsvorstellungen sehen.

Wir werden sehen, es ist eine sehr personifizierte Schöpfungsvorstellung, bei der Gott aus seiner Machtvollkommenheit heraus schöpft und schafft. Er tut das nacheinander in einzelnen Schritten und gibt dem Erschaffenen seinen jeweiligen Namen. Das ist ein wichtiger Punkt. Auch in Ägypten waren Dinge ohne Namen quasi nicht existent.

Als erstes schafft **er** Himmel und Erde und bis zur späteren Vertreibung aus dem Paradies muss alles Geschaffene als noch mit Gott selbst in der Einheit befindlich gesehen werden. Dies kann z. B. aus der späteren Aussage abgeleitet werden, dass Gott den Menschen zuerst als androgynes Wesen und als Abbild seiner selbst erschafft (androgyn = beide Geschlechter in sich vereinend). Dabei kann sich die folgende Verständnisschwierigkeit ergeben:

Das Geschaffene hat schon sich jeweils polar ergänzende Eigenschaften, ist aber trotzdem noch in der Einheit mit Gott. Das kommt auch dadurch zum Ausdruck, dass der Zustand als Paradies oder paradiesisch bezeichnet wird. Die eindeutige Bezeichnung Gottes als männlich passt zwar zum Schöpfungsakt. Er vereint in sich jedoch trotzdem alle männlichen *und* alle weiblichen Eigenschaften, was mit der Erschaffung des Menschen als androgynes Wesen und Abbild seiner selbst begründet werden kann. Es ist halt etwas kompliziert.

Im Vergleich gibt es solche Schwierigkeiten bei der ägyptischen Schöpfungsvorstellung nicht, denn dort wird die *Urzeugung* der Götter *Raum/Luft* und *Feuchte* klar als androgyn bezeichnet, aber schon die Folgezeugungen laufen geschlechtlich in der Polarität ab. Das heißt, nach der Urzeugung ist man schon ganz in der Welt mit ihren polaren Eigenschaften und eine paradiesische Phase kommt nicht vor. Doch nun zurück zur christlichen Schöpfungsgeschichte.

Mit der Erschaffung von Himmel und Erde entstand wohl auch der Raum, und Wasser wird als vorhanden geschildert. Über dem Wasser schwebt der *Geist Gottes*, und das kann vielleicht dahingehend gelesen werden, dass das *Leben* prinzipiell auch schon zum Geschaffenen gehört. Licht gab es jedoch noch nicht, und so fehlt auch noch der Kontrast, die Finsternis.

Mit der Erschaffung des Lichts und seiner Scheidung von der Finsternis ist der Wechsel von Tag und Nacht geschaffen, und mit der Erschaffung des Lichts hat wohl auch die Zeit begonnen. Damit ist der erste Schöpfungstag zu Ende, in dessen Verlauf die Zeit beginnt. Das kann auch noch durch den Ablauf 1. Tag, 2. Tag usw. untermauert werden.

Erst am zweiten Tag wird der Himmel, das Firmament erschaffen und das Wasser aufgeteilt als Wasser unter dem Himmel und Wasser außerhalb des Himmels. Spätestens jetzt ist der Raum erschaffen (Tag 2).

Am 3. Tag sammelt er das Wasser in Meeren und das Land wird freigegeben. Auf diesem lässt er die Vielfalt der Pflanzen entstehen, jeweils mit der Fähigkeit versehen, sich durch eigenen Samen selbst fortzupflanzen. So ist mit der Erschaffung des ersten verkörperten Lebens auch dessen Tod und Wiedergeburt gleich mit eingeführt. Auch dieser wichtige Punkt wurde in Ägypten genauso gesehen. Dort waren sogar die erschaffenen Götter prinzipiell sterblich (aber der Schöpfergott natürlich nicht).

Am vierten Tag erschafft er die Sterne, Sonne und Mond. Damit ist Tag und Nacht fest strukturiert und auch die Jahreszeiten und aufeinanderfolgende Jahre strukturieren die Welt. Im Zusammenhang mit den Sternen werden auch Zeichen angesprochen. Das ist etwas unklar, weil diese nicht weiter erklärt werden. Vielleicht darf man darunter die Sternbilder verstehen, die ja zusammen mit Sonne und Mond den jährlichen Wechsel gestalten.

Am 5. Tag erschafft er die Vielfalt der Lebewesen im Meer und die Vögel. Auch sie versieht er mit der Fähigkeit zur Fortpflanzung.

Am 6. Tag erschafft er die Vielfalt der Lebewesen auf dem Land und den noch androgynen Menschen (nach seinem Bild). Dem Menschen wird die Vollmacht ausgestellt, über die übrigen Lebewesen herrschen zu dürfen.

Am siebenten Tag ruhte er, heiligte ihn und machte ihn so auch für den Menschen zum Ruhetag.

Erst später folgt die Aussage, dass Gott den Menschen durch seinen Odem beseelt hat und ihn in den neu geschaffenen Garten Eden setzt. Dieser Garten enthält den „Baum des Lebens" (Nahrung für ewiges Leben) und den „Baum der Erkenntnis des Guten und Bösen" mit dem Verbot davon zu essen. Gott verbietet so dem Menschen Erkenntnis (Todeswarnung; das soll wohl bedeuten: Ohne den Sündenfall hätte der Mensch ewig im Paradies gelebt).

Erst jetzt schafft Gott den androgynen Menschen ab und teilt ihn in zwei Menschen auf indem er die eine Hälfte zur Frau werden lässt und die andere zum Mann. An dieser Stelle sollte man die „Rippe" vergessen. Sie beruht auf einem Übersetzungsfehler Luthers aus dem Hebräischen. Dort wird eine „Seite" des androgynen

Menschen zur Frau und der Mann bleibt zurück. Das haben wir hier noch neutraler als zwei Hälften bezeichnet, die sich polar ergänzen und so zusammen den Menschen bilden.

Es folgt der bekannte Sündenfall. Er zeigt, der Mensch kann in der polaren Welt nicht auf Erkenntnis verzichten, und wenn es auch seinen Tod bedeuten sollte, beziehungsweise die Vertreibung aus dem Paradies zur Folge hat.

Erst jetzt erhalten die ersten beiden Menschen ihre Namen Adam und Eva. Sie sind nun in der Existenz in der polaren Welt angekommen und die Einheit mit Gott ist zu Ende mit den bekannten Folgen. Der Mensch ist nun erkenntnisfähig. Das passt auch generell zu einem Leben in einer vollständigen Welt mit innerer polarer Struktur, denn dort ist ein Subjekt ja immer prinzipiell in der Lage, ein Objekt zu erkennen.

Der Vorgang des Sündenfalls zeigt jedoch: Alles was vorher geschah, geschah noch in der Einheit mit Gott. Gut und Böse war noch etwas Ganzes, dessen gegensätzliche Aspekte nicht nacheinander erlebbar und erkennbar waren! Aussagen über den Zustand in der Einheit sind aber mit besonderer Vorsicht zu genießen, denn den Zustand der Einheit ohne Erkenntnis können wir uns nicht vorstellen. Diese Einheit ist das Nirwana der Buddhisten und das Nichtsein bzw. die Vollkommenheit der Ägypter. Diese Einheit ist für uns jedoch nicht vorstellbar. Sie ist wie ein Punkt ohne Umgebung, bei dem unsere Vorstellung versagt.

Deshalb sind die christlichen Gedanken zur Schöpfung, wo sich am Anfang noch Alles in der Einheit mit Gott befindet, nicht einfach. Wenn man von den verneinenden Aussagen über den Zustand des Schöpfergotts vor der Schöpfung absieht, haben die Ägypter solche Aussagen nicht gemacht (Vergl. S. 7). Dort entstand im ersten

Schritt mit der Urzeugung die polare Welt und die Gesetze für den weiteren Ablauf waren fertig.

Die etwas ausufernden Schilderungen in der Bibel nach der Vertreibung verfolgen wir hier nicht im Detail weiter. Erwähnt werden soll aber noch die Sintflut, bei der nur „das auserwählte Volk" überlebt. Eingeleitet wird der Vorgang mit der Bosheit der Menschen, die Gott so erzürnte, dass er bereute (?), den Menschen erschaffen zu haben (Frage: Ist das Gott würdig? Er sah doch vorher „Alles ist gut was ich geschaffen habe"). Das geht so weit, dass er den Menschen und vieles weitere seiner Schöpfung durch eine Sintflut vertilgen will! Die Ausnahme ist Noah und sein Geschlecht sowie die von ihm mitgeretteten Tiere und Gewürm. Gott macht mit Noah einen Bund.

Die Sintflut vertilgt die übrigen Menschen, Tiere plus Gewürm. *Der Schöpfer, der Alles schuf, für Alles zuständig war und es so gut fand,* verwandelt sich in einen Schutzgott für das Geschlecht Noahs und seiner Nachkommen, mit denen er einen Bund schließt! Wer soll sich dabei Böses denken? Der, der in den Bund nicht mit einbezogen ist. Die Basis für Zwietracht und Krieg ist gelegt. Der Bund verspricht auch: Dein Ego ist im Recht und Gott ist auf deiner Seite. So gestärkte Egos machen vor nichts Halt! Auch die spätere Spaltung der Kirche hat hier ihre Wurzeln.

Leider hat auch der später entstandene Islam einen ähnlichen Weg gewählt um sich durchzusetzen. Die Ergebnisse von Spaltung und Krieg sind fast identisch mit den christlichen Errungenschaften. Vielleicht mit einem Plus beim Terrorismus. Aber Inquisition und Kreuzzüge waren auch nicht von Pappe.

Wir kommen nun zur *Hermetischen Philosophie*. Sie wird auch *Hermetik* genannt und sie ist der letzte ausgewählte Baustein unserer geistigen Grundlagen.

Die Hermetische Philosophie

Der Ägypter Hermes Trismegistos wurde wahrscheinlich von den ägyptischen Schöpfungsvorstellungen zu seiner Philosophie inspiriert. Hermes war Priester und so in das kollektive Wissen Ägyptens eingeweiht. Er gilt als Begründer der Esoterik in unserem westlichen Kulturkreis und Trismegistos heißt ganz unbescheiden „Der Dreimalgroße".

Ihre Kernaussage ist das Analogiegesetz: „Wie oben, so unten; wie unten, so oben". Da in den ägyptischen Schöpfungsvorstellungen der Schöpfergott aus sich selbst heraus durch Differenzierung, Nachahmung und Vervielfältigung die Welt mit ihrer Ordnung erschafft, besteht die Welt deshalb sozusagen „aus Ihm". Sie enthält so seine Eigenschaften und spiegelt seine Gesetzmäßigkeiten wider. Nimmt man das Analogiegesetz als gültig für alles, d. h. für Geistiges wie für Materielles, so gelten für das Große die gleichen Gesetze wie für das Kleine und für alle Bereiche. Somit auch für die Lebewesen mit ihrem Körper, der durch ihren Geist und Seele bestimmt und geführt wird. Im Umkehrschluss besteht das Große auch aus Körper, Seele und Geist. In der hermetischen Sicht sind die Planeten, Sonnen, Galaxien, ja das ganze Universum, Lebewesen mit Bewusstsein. Zum noch Kleineren hin, zu den Tieren und Pflanzen, gilt das Gleiche. Sie sind alle Lebewesen mit Bewusstsein.

Diese Gedanken sind für viele moderne Menschen ungewohnt und revolutionär. Deshalb ist es verständlich, wenn sich jemand an dieser Stelle von der Esoterik verabschiedet und es ist ja auch auf diesem Gebiet genügend Schindluder getrieben worden. Für alle, die diese Gedanken zulassen können, kann jedoch schon hier ein später möglicher reicher Erkenntnisgewinn versprochen werden.

Die Aussagen der Hermetischen Philosophie sollen hier nicht in der Form wiedergegeben werden, wie sie z. B. im Internet leicht zugänglich sind. Sie sind durch mehrfache Übersetzungen der von Hermes verfassten „Tabula Smaragdina" zu uns gelangt und sie sind durch die Eigenheiten der früheren Sprachgebräuche in verschiedenen Ländern für heutige Menschen nicht leicht verständlich. Dazu haben die Schwierigkeiten bei den Übersetzungen sicher das Ihrige beigetragen. Deshalb wird hier der Versuch unternommen, eine leichter verständliche eigene Interpretation anzubieten. Das ist natürlich nicht unproblematisch, aber jeder kann sich anhand der überlieferten fünfzehn Aussagen selbst ein Bild machen. Die ersten zwei Aussagen sind dabei unverändert und nur „modernisiert". Die Aussagen drei und vier sind mit dem Wissen um die Ägyptische Schöpfungsgeschichte in der Wortwahl angepasst. Die Aussagen 5 bis 15 werden zusammengefasst interpretiert (siehe Exkurs 1).

Wir sehen, die Hermetische Philosophie gibt Auskunft

- Über die Erschaffung der Welt als geistige Schöpfung.
- Über ihren analogen Aufbau im Großen und Kleinen.
- Über ihre innere polare Struktur mit männlichen und weiblichen Elementen, die sich zu etwas Vollständigem ergänzen.
- Über die Dominanz des Geistes und die Geistesbestimmtheit der Welt.
- Über die Reifungszyklen des Lebens mit dem Ziel, die Vollständigkeit der Welt zu erkennen und dadurch selbst vollständig zu werden (Erleuchtung).

21

Das ist doch eine beeindruckende Aussagekraft!

Exkurs 1.   Die Hermetische Philosophie
            (in eigener Interpretation)

1) Beschwört die uneingeschränkte Wahrheit der gemachten Aussagen.

2) Das was unten ist, ist gleich demjenigen, welches oben ist um die Wunderwerke „Des Einen und Einigen" zu vollbringen (das Analogiegesetz).

3) Und gleich wie von dem einigen (Schöpfer-) Gott alle Dinge erschaffen sind durch seine Gedanken, ist alles von Ihm geboren durch Differenzierung, Nachahmung und Vervielfältigung seiner selbst.

4) Beschreibt den polaren inneren Aufbau der Welt in geschlechtlich männliche und weibliche Elemente am Beispiel von Sonne und Mond.

5) bis 15) Beschreibt die Welt als geistige Schöpfung sowie die Dominanz des Geistes mit den Reifungszyklen des inkarnierten und des körperlosen Lebens (…empfängt die Kraft der oberen- und der unteren Dinge). Die Vollständigkeit der gemachten Aussagen sowie die Vollkommenheit, Vollständigkeit und Geistesbestimmtheit der so geschaffenen Welt wird ausdrücklich festgehalten (Vollständigkeit: …Daran fehlt Nichts, es ist ganz vollkommen).

Wir halten an dieser Stelle ausdrücklich fest: Für die *Materielle Welt* hat die Physik *die universelle Gültigkeit der Naturgesetze* bestätigt (s. Exkurs 2)

Exkurs 2: Die universelle Gültigkeit der Naturgesetze

Für die materielle Welt und ihre Gesetze hat die Physik die universelle Gültigkeit überzeugend nachgewiesen: Die Naturgesetze gelten überall im Universum. Wir können deshalb die Ereignisse in fernen Galaxien mit den hier gefundenen Gesetzen berechnen und ihr Fortschreiten bewerten.

In der Physik kommt Geist zwar nicht explizit vor. Das muss aber auch nicht überraschen, denn die Physik hat sich selbst dem Zwang unterworfen, nur über reproduzierbar Messbares Aussagen zu machen. Das hat immerhin den Vorteil, dass die Gültigkeit ihrer Aussagen kaum bestreitbar ist. Das ist bei Aussagen über die Welt des Geistes viel schwieriger. Da nun Geist (bisher?) nicht messbar ist, kommt er in den Aussagen der Physik auch nicht vor. In diesem Sinn macht die Physik Aussagen nur über „die eine Hälfte der Welt" und lässt das Geistige außen vor, obwohl die Physiker sich nur mit Geist, Intuition und Verstand mit ihrer Wissenschaft beschäftigen können. Die Dominanz des Materiellen in der Physik hat jedoch auch problematische Seiten, denn der Schluss, die Welt sei zuerst nur materiell gewesen, und Geist sei irgendwie ein Produkt der Materie, liegt dann nicht fern. Das ist aber barer Unsinn.

Nahe bis zum Geistigen vorgedrungen sind die Physiker trotzdem. Die später zu besprechenden Erkenntnisse über die Natur des Lichts, der Theorien der Relativität und Quantenmechanik sowie der Erkenntnisse über den Urknall und die „Schwarzen Löcher" geben Zeugnis davon.

Hermetisch ist als Begriff in unseren Sprachgebrauch eingegangen als etwas, das gut und vollständig abgeschlossen ist. Da die Hermetik jedoch Aussagen über unsere ganze Welt macht, ist damit gemeint:
Die Welt ist vollständig und die Hermetik erfasst sie vollständig.

Die Hermetik bildet auch die Basis für die *Astrologie*, die die Menschen über die Jahrtausende entwickelt haben.
Hier bedeutet das, die Welt im Großen wie im Kleinen wird durch die gleichen Gesetze bestimmt und deshalb laufen die jeweils zuständigen Gesetzmäßigkeiten *synchron* ab, ohne sich gegenseitig zu beeinflussen. Deshalb beeinflussen „die Sterne" uns geistig in keiner Weise. Weil sie jedoch von den gleichen Gesetzen bestimmt werden wie wir, stellen sie uns aber ein Anzeigeinstrument zur Verfügung, nämlich die Astrologie. Diese Gesetze bezeichnet die Astrologie auch als Urprinzipien, die zu einem bestimmten Zeitpunkt in einer ganz bestimmten Konstellation zueinander stehen. Als Beispiel steht das Urprinzip Mars für Impuls, Energie und Antrieb, aber auch für Krieg, Umwälzung und Neuordnung. Ein weiteres Urprinzip, Saturn, steht für Erstarrung, Struktur und Hemmung, aber auch für Planung und Klarheit. Wir können hier die Diskussion der Astrologie nicht angemessen weiterführen und verweisen auf das Buch „Schicksal als Chance" von Thorwald Dethlefsen, in dem das Gebiet der Esoterik ausführlich dargestellt ist. Auch die anderen Bücher dieses Autors sind besonders lesenswert.
Vor einem voreiligen Verwerfen der Astrologie soll hier mit dem Hinweis gewarnt werden, dass so überragende Wissenschaftler wie J. Kepler und I. Newton sich ausführlich und in keiner Weise ablehnend mit ihr beschäftigt haben. So schrieb Kepler ein Buch mit dem

Titel „Warnung an die Gegner der Astrologie". Nimmt man ihre für diese Beschäftigung aufgewendete Zeit als Maßstab für Ernsthaftigkeit, so war sie für die beiden sehr wichtig, denn sie haben dafür viel mehr Zeit aufgewendet als für die wissenschaftlichen Erkenntnisse, für die sie berühmt sind. Menschen, die sich ernsthaft mit Astrologie beschäftigt haben, lehnen sie nicht ab. Das tun aber viele, die sich gar nicht mit ihr befasst haben.

Als Ergänzung der bis jetzt angesprochen geistigen Grundlagen für uns als Lebewesen, kommen wir hier noch auf das Konzept *Körper, Seele, Geist* zu sprechen.

Körper Seele und Geist

Bei diesen Diskussionen möchte ich diese alte Vorstellung verwenden. Dabei wird der Körper von Seele und Geist als obere Instanz koordiniert, gestaltet und geführt. So ist der Körper abhängig von Seele und Geist, aber nicht umgekehrt. Wir sprechen von sterben, wenn diese Verbindung beendet wird. Jede Zelle geht dann ihre eigenen Wege und das Bewusstsein mit seinen vielen Schichten ist verschwunden (individuelles Bewusstsein, Tagesbewusstsein, Schlafbewusstsein, kollektives Bewusstsein…). Da nun der Tote exakt so viel wiegt wie der vorher Lebende, müssen Seele und Geist von immaterieller Natur sein. Setzen wir nun die individuelle Seele für das Bewusstsein des Menschen, so bleibt für Geist „das Leben" übrig. Leben ist für uns ja so schwer ergründbar. Wir sehen in ihm etwas nicht Individuelles, mit dem das Bewusstsein verbunden ist und deshalb lebt. Alle Lebewesen nehmen sozusagen am Leben teil und Leben ist universell und unzerstörbar. An dieser Stelle soll auch ausdrücklich betont werden: Leben kann nicht im Verlauf der Evolution irgendwie entstanden sein, sondern es muss am Anfang beim Schöpfungsakt für unsere Welt mitgeschaffen worden sein. Das passt auch zum Schöpfer als geistiges Wesen. Warum sollte er zuerst nur etwas Geistloses geschaffen haben?

Ist der menschliche Körper noch mit seinem Bewusstsein verbunden, so lebt dieser Mensch als inkarniertes Lebewesen. Stirbt der menschliche Körper, so bleibt sein Bewusstsein nach unserer Vorstellung weiterhin mit dem Geist und Leben verbunden. Es verlässt seinen Körper und lebt ohne diesen weiter. Dieses Verlassen des Körpers ist von sehr vielen Menschen bei Nahtoderfahrungen real erlebt worden. Sie schildern auch die Rückkehr in den Körper als Voraussetzung für ihr Weiterleben, denn der Tod trat ja für sie nicht ganz ein. Sie erlebten jedoch den Zustand nach dem Verlassen des Körpers als lebendig und völlig „normal". Sie sahen ihre Umgebung und konnten z.B. andere Menschen berühren, ohne dass diese das direkt wahrnahmen.

Tritt also der Tod wirklich ein, so lebt der Mensch weiter. Er hat in seinem letzten inkarnierten Leben eine bestimmte Reifungsstufe erreicht, die später weiter gehen kann. Das ist dann der Fall, wenn der Mensch einer Situation begegnet, die seiner Reifungsstufe angemessen ist und deshalb auch geeignet, sie weiterzuführen. Eine Reinkarnation ist eingeleitet. Diese Situation passiert zu einem ganz bestimmten Zeitpunkt, und das Horoskop seiner Geburtsstunde kann Auskunft über die Qualitäten dieser Situation geben, denn zu diesem Zeitpunkt stehen die Urprinzipien in einer ganz bestimmten Konstellation (vergleiche das Ende des letzten Kapitels).

Die Grundlagen der Geisteswelt haben uns letztlich zu dieser Sichtweise geführt. Dabei haben alle ihren Beitrag geleistet, aber die Hermetische Philosophie hat den gewichtigsten Anteil.

Viele Menschen sehen Esoterik und Religion als Gegensatz zur Physik. Sie schließen sich so scheinbar gegenseitig aus. In unserer polaren Sichtweise sind sie beide nötig und sie ergänzen sich zu etwas Vollständigem. Nach den Gesetzen, die die Polarität bestimmen, haben beide ihre Existenzberechtigung. Sich gegenseitig anzuerkennen und wertzuschätzen muss das Ziel sein. Nichtanerkennung, Verdrängung und Schattenbildung ist der gefährlichere Weg. Das weiter oben geschilderte Beispiel von der „Sünde" und dem „Bösen" im Christentum sollte auch dazu geeignet sein, solche Gefahren zu erkennen und sie dadurch möglichst nicht wirksam werden zu lassen.

Weil wir das Thema *Subjektivität und Objektivität* später noch an mehreren Stellen brauchen, und es aus verschiedenen Blickwinkeln beleuchten wollen, soll es hier einführend umrissen werden. Es führt uns dann hin zu den Begriffen *Projektion, Resonanz* und die *Umwelt als Spiegel*.

Subjektivität und Objektivität

Subjektivität und Objektivität bei der Erkenntnis ist für uns ein wichtiges Thema, denn in der Geisteswelt und in der Esoterik gibt es für  Individuen zuerst nur subjektive Erkenntnis.
Die Physik hatte jedoch von Anfang an objektive Erkenntnis als Ziel, d.h. Erkenntnis, die völlig unabhängig vom Beobachter gilt. Erst in neuerer Zeit mussten die Physiker erkennen, dass das auch in der Physik nicht im strengen Sinn gilt, und nur für die Welt im Großen und bei nicht zu hohen Geschwindigkeiten

stimmt. Bei der Teilchenphysik versagte die klassische Physik und man entwickelte die Quantenmechanik, um die Vorgänge in der Welt des Kleinen zu beschreiben. Eine wichtige Aussage der Quantenmechanik ist die von Werner Heisenberg gefundene Unschärferelation. Sie besagt, dass wichtige Messgrößen wie Ort und Impuls eines Teilchens, wie z. B. einem Elektron, nicht gleichzeitig genau bestimmbar sind. Misst man das eine, z.B. den Impuls, so ist sein Ort „verschmiert". So ist dann nicht bestimmt wo genau sich das Teilchen befindet. Misst man aber den Ort, so ist der Impuls unscharf oder „verschmiert". Als Ergebnis ist so die Messgröße von der Vorgehensweise des Beobachters abhängig und hat somit einen subjektiven Charakter. Ein anderer Befund gilt für hohe Geschwindigkeiten, für die statt der klassischen Physik die von Albert Einstein entwickelte Relativitätstheorie zur Anwendung kommen muss. Dort ist der Zeitablauf vom Beobachter abhängig, d.h. die Zeit verläuft für außenstehende Beobachter schneller als für einen bewegten Beobachter, und das umso rascher, je mehr sich die Geschwindigkeit des bewegten Beobachters der Lichtgeschwindigkeit nähert. Wiederum ein subjektabhängiges Ergebnis. Wir können deshalb sagen, die Physik der neueren Zeit zeigt eine eingeschränkte Objektivierbarkeit von Messergebnissen, und in diesem Sinn musste die Physik ihren ursprünglichen Grundsatz aufgeben. In diesem Zusammenhang sind auch die Erkenntnisse der Physik über die Natur des Lichts hochinteressant. Es verhält sich je nach Situation als ob es eine Welle ist, oder wie ein Teilchen oder Korpuskel (Dualismus Welle-Korpuskel). So hat auch das Licht sich scheinbar widersprechende Eigenschaften. Es zeigen sich auch hier subjektive Aspekte in der Welt der Physik, und später wird uns dieser Punkt noch ausführlich beschäftigen.

Nach diesem Ausflug in die Physik kommen wir nun zurück in die Welt des Geistes und der Esoterik. Dort wird Erkenntnis für uns Lebewesen prinzipiell als subjektiv gesehen und objektive Erkenntnis wird als eine Illusion gesehen. Wir weisen aber schon hier darauf hin: Es gibt auch in der Geisteswelt objektive Erkenntnis. Das werden wir bei den Erkenntnissen Platons beispielhaft näher ausführen (Seite 107 bis111).

In der Sprache können wir objektiv auch als „dem Objekt zugewandt" übersetzen, und das erleichtert es, das Subjektive zu erkennen, das mit dem Objektiven untrennbar verbunden ist.

Die nun folgenden Aussagen über Krankheit und Gesundheit usw., werden für viele Leser vielleicht nicht leicht zu akzeptieren sein, da sie hier schon gemacht werden, ohne tief genug begründet zu sein. Es handelt sich jedoch um ein sehr wichtiges Thema in diesem Buch, und es wird noch an mehreren Stellen mit seinen vielen Facetten dargestellt werden. Dann wird dem Leser die Stimmigkeit der Aussagen hoffentlich immer mehr einleuchten.

Wir kommen nun zu dem Vorgang der *Projektion*, bei dem wir Abläufe in der Außenwelt zum Schuldigen für irgendwelche Missstände in unserem Inneren erklären. So werden z.B. Viren zur „Ursache" für eine Krankheit und ein kausaler Zusammenhang wird hergestellt. In Wirklichkeit jedoch läuft der Vorgang synchron ab: Immer dann wenn eine Erkältung auftritt, sind auch Viren oder Bakterien im Spiel. Diese sind jedoch immer vorhanden und wir sind nur dann „verschnupft", wenn wir z. B. eine anstehende Erkenntnis verweigert haben und der Vorgang ins Körperliche fällt und sozusagen „verdummt" (nach Dethlefsen und Fritsche). Dann benützen wir die Viren, natürlich unbewusst, um uns diesen Vorgang anzuzeigen. So ist der Sinn einer Krankheit, uns eine Chance zu eröffnen, den Grund für ihr Entstehen bewusst zu erkennen und sie dadurch überflüssig zu machen. Wir sind also in Wirklichkeit immer nur über uns selbst verschnupft! Wir lassen die Viren dann vorübergehend herein und wehren sie nicht mehr wirksam ab. Sie vermehren sich und wir sind krank. Unbewusst erleben wir so den Vorgang der Erkenntnisverweigerung im Körper, sind aber völlig entrüstet, falls wir darauf hingewiesen werden. Das ist auch völlig in Ordnung, weil wir es ja auch wirklich nicht wahrhaben wollten! Es ist uns tatsächlich unbewusst geblieben. Wir sind der Meinung, die „Außenwelt" hat uns krank gemacht, und nicht wir selbst. Wir haben nicht bewusst gelernt und müssen es deshalb erleiden.

Die geschilderten Vorgänge sollen das Verständnis für die Behauptung erleichtern, dass der Erkenntnisstand eines Menschen bestimmt, was er wahrnehmen kann und für was er empfänglich ist. Man kann das auch als das *Gesetz der Resonanz in der Subjektivität* bezeichnen. Das geht so weit, dass Dinge für diesen Menschen gar nicht existieren, für die er nicht empfänglich ist. So filtert der Mensch wie ein Radio seine Wirklichkeit aus der Gesamtwirklichkeit heraus (Affinität). In diesem Sinn *ist seine Umwelt der Spiegel seiner selbst* (nach Thorwald Dethlefsen; Schicksal als Chance). Er erblickt nichts anderes als sich selbst in seiner Umwelt.

Was macht sein *Ego* daraus? Die Dinge, die das Ego als positiv bewertet hat, werden akzeptiert. Die andere Hälfte, die das Ego negativ bewertet hat, wird oft abgelehnt. Das kann so weit gehen, dass diese Hälfte verdrängt wird und in den *Schattenbereich* abgleitet (nach C. G. Jung). Als Beispiel ist dieser Mensch für Frieden und gegen Krieg. Ist dann Krieg in diesem Sinn wirklich verdrängt, so dass ihm seine

Existenzberechtigung aberkannt worden ist, so bildet Krieg einen Teil des Schattens dieses Menschen. Da nun aber das polare Paar Krieg/Frieden etwas Vollständiges ist, kann nicht die eine Hälfte davon unbeschadet negiert werden. Sie erzwingt sich dann ihre Existenzberechtigung und der Mensch wird in der Außenwelt, wohin er auch blickt, vor allem Krieg sehen. In diesem Sinn beschäftigen sich Menschen in der Außenwelt bevorzugt mit Dingen, die sie durch ihr Ego-Filter in ihrer Innenwelt abgelehnt haben. Dort bildet ihr Schatten die Summe des Abgelehnten, mit dem sie noch nicht „im Reinen" sind.

Das ist der Grund, warum die *Umwelt als Spiegel* ein potentiell so großartiges Werkzeug ist: Sie zeigt direkt an, wo der Mensch noch Erkenntnisbedarf hat. Immer wenn ihn etwas oder ein anderer Mensch in der Außenwelt stört, kann er sicher sein: Mit den Eigenschaften, die dieser Mensch repräsentiert, ist er noch nicht im Reinen. Ist es z. B. Neid eines Anderen, der uns stört, so sind wir selbst noch neidisch (falls wir mit dem Verhalten „Neid" völlig ausgesöhnt wären, warum sollte es uns dann noch stören?). Als nächsten Schritt können wir dann aber unseren Neid aus seiner Problemhaftigkeit erlösen und ihn aus dem Schatten in das Licht des Bewusstseins holen, indem wir zulassen, dass er existiert. Dann versuchen wir, ihm seine Existenzberechtigung zurückzugeben, und so in Harmonie mit dem Zustand Neid zu gehen. Das wird gefördert durch bewusstes Überdenken von bisher vielleicht übersehenen Punkten, die am Neid positiv gesehen werden können. So z. B. Neid als Antrieb und innere Kraft eigene positive Ziele zu erreichen (usw. usf.). Der Gradmesser dafür, wie weit es uns schon gelungen ist, unseren Neid aus seiner Problemhaftigkeit zu erlösen, können wir leicht daran ablesen, wie stark er uns immer noch bei anderen stört. Im Fall Krieg und Frieden kann es eine nicht nur auf das Negative beschränkte Sicht des Krieges sein, beispielsweise das Gestalten einer neuen Ordnung, die durch den Krieg eingeleitet wird. Wir nehmen hier als Beispiel den zweiten Weltkrieg und die darauf basierende Neuordnung und Einigung Europas (usw. usf.). Selbstverständlich gilt die Spiegelfunktion der Umwelt genauso für die vom Ego positiv bewerteten Punkte. So hat z.B. ein anderer mit seiner Meinung „völlig Recht". Aus diesem Sachverhalt können wir jedoch wenig lernen, denn wir sind ja schon im Reinen damit.

Insgesamt können wir sagen, es lohnt sich, dem eigenen Ego ein gesundes Misstrauen entgegenzubringen. Seine Filterung der Umwelt mit dem möglichen Ergebnis der Ablehnung und Verdrängung der Hälfte dessen „was ist" kann zu Krankheit führen. Wenn die Suche nach *Ursachen* für Krankheit sinnvoll durchgeführt werden soll, dann kann im Ego und seinem Wirken wirklich eine Ursache gefunden werden. Diese Ursache liegt dann jedoch eindeutig in der „Innenwelt" und nicht in der „Außenwelt"! So sorgt auch das Ego dafür, dass völlige Gesundheit eine Illusion ist. Jeder Mensch wird eine bestimmte Mischung von krank und gesund besitzen, die zu ihm passt. Hier kann auch klarwerden: Das Ego muss letztlich sterben, damit die „Halbwelt", die es erzeugt hat, wieder ganz und vollständig werden kann. Dieser Prozess wird beim Menschen, und besonders im Alter, durch Schicksalsschläge befördert. Die Stärke dieser Schläge nimmt bei stark ausgeprägter Uneinsichtigkeit durchaus zu. Das Ego, das wir im Verlauf unseres Lebens aufgebaut haben, verlischt so spätestens bei unserem Tod. Auch das ist eine Vorbedingung für einen Neustart ohne seine Altlasten.

Das Ego soll hier aber nicht verteufelt werden. Seine Ausbildung in der Kindes- und Jugendzeit ist nötig, um in der Welt bestehen zu können. Es ist auch beileibe nicht die einzige Ursache für Krankheit. Verweigerung von Erkenntnis kann aus vielen Gründen passieren (Borniertheit, Nachlässigkeit, Überheblichkeit...).

Hier beenden wir die Darstellung der Grundlagen der Welt des Geistes uns beginnen die Grundlagen der Welt der Physik und Wissenschaft. Wir meinen hier Wissenschaft im engeren Sinn. Die vielen Wissensgebiete, die sich heutzutage mit dem Titel Wissenschaft schmücken, um einen höheren Anspruch auszudrücken, sind hier nicht gemeint.

Teil1. Grundlagen Physik

Vorbemerkungen

Wir werden auf eher langweilige Wiederholungen von Schulwissen verzichten. Da ohnehin eine Auswahl getroffen werden muss, werden wir uns auf wichtige Basisthemen konzentrieren. Diese sehen auf den ersten Blick zwar harmlos aus, haben es jedoch in sich.

Es sind die Fragen was sind *Raum, Zeit, Licht, Kraft, Elementarteilchen* wirklich? Wo kommt aus physikalischer Sicht Alles her? Wie ist *die Welt im Großen* beschaffen? Wie *im Kleinen*? Was ist die *Ordnung der Elemente* und wodurch entsteht sie? Was sind *Erhaltungssätze* und welche Konsequenzen haben sie?

Die Grundlagen der Physik

Wir hatten bei den Grundlagen der Geisteswelt die Grundannahmen der Schöpfungsgeschichten und der Religionen umrissen. Man kann in diesen Annahmen auch nicht weiter begründbare *Axiome* sehen und solche Axiome benötigt die Physik gleichermaßen. Ohne solche Axiome könnte man keine Modellvorstellungen entwickeln, die dann weiter zu Theorien führen können um unsere Welt möglichst zutreffend zu beschreiben.

Zu diesen Grundannahmen gehören die Eigenschaften von *Raum und Zeit* sowie das Verhalten von bewegten Körpern. Damit dieses Verhalten potentiell berechenbar wird, braucht man noch die *Axiome der Mathematik*, d.h. der *Geometrie* und der *Rechenarten*. Ist dann eine Theorie erstellt worden, so ist die Forderung der Physik, dass sie durch Messungen entweder bestätigt oder widerlegt wird. In diesem Sinn begrenzt die Physik ihre Aussagen auf messbare Dinge in unserer Welt. Das ist die Welt des Materiellen, aber auch die Welt des Lichts und der Strahlung.

Wir werden das komplexe Gebiet der Axiome nicht detailliert ausbreiten. Wenn dem Leser bewusst ist, dass man analog zur Geisteswelt auch in der Physik Axiome braucht, kann das ausreichen. Auch die Aussagen der klassischen Physik, der Relativitätstheorie und der Quantenmechanik können nur punktuell nachvollzogen werden. Etwas ausführlicher wollen wir aber die Sicht der Welt des Kleinen und der Welt des Großen in der zeitlichen Entwicklung darstellen, denn dort findet der Leser die interessantesten und auch einige für ihn hoffentlich neuen Aspekte über den Aufbau der Welt. Weder Das Kleine noch das Große ist ja unserem Erfahrungsbereich direkt zugänglich, und hier ist die

Physik das mächtigste Werkzeug für spektakuläre Erkenntnisse.

Raum und Zeit

Über die Jahrhunderte hat sich die Vorstellung von „*Raum*" stark gewandelt. Im Altertum galt Raum als mit der Erde verbunden und erstreckte sich in den „Sphären" der Planeten bis zur Sphäre des Sternenhimmels, der wegen seiner scheinbaren Unveränderlichkeit fest wie ein Kristall gedacht war (Firmament). Der Mensch war noch im Zentrum der Welt. Das veränderte sich und für Isaac Newton war Raum nicht mehr an die Erde gebunden. Er wurde durch nichts verändert, war sozusagen absolut und gleichmäßig. Materielle Körper und Lichtpartikel bewegten sich in ihm, ohne dass ein Punkt der Ruhe oder ein Zentrum definierbar wäre, auf den man alle diese Bewegungen hätte beziehen können. Mit Einsteins Erkenntnissen war es mit der Absolutheit vorbei. Er fand, der Raum wird durch Materie „verbogen" oder gekrümmt. Licht hat die im Universum maximal mögliche Geschwindigkeit und Zeitabläufe werden vom Beobachter und seinem Bewegungszustand abhängig. So war nun auch die Zeit, die für Newton noch als von uns unabhängig und gleichmäßig ablaufend gedacht war, relativ geworden und an den in großen Maßstäben gekrümmten Raum gekoppelt. Für Einstein wurden so Raum und Zeit zur „Raumzeit."

Das Grundkonzept für *Raum*, mit dem die Physik am Anfang zu arbeiten begann, war das denkbar einfachste, das möglich ist. Es wurde von dem Griechen Euklid im 3. Jahrhundert vor Chr. In Ägypten entwickelt. Da dieser Raum außer Gleichmäßigkeit keine besonderen Eigenschaften hat, beeinflusst er Abläufe, die sich in ihm abspielen können, nicht selbst. Er wird auch durch Dinge, die sich in ihm befinden, nicht verändert.

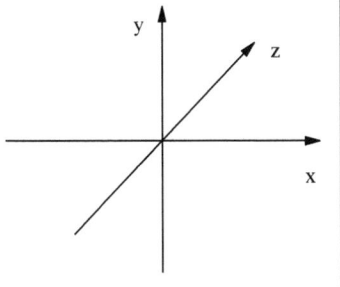

Konzept des isotropen dreidimensionalen Raums. Von der Idee her ist das die einfachste denkbare Möglichkeit. Der Raum hat keine Grenzen und keine innere Struktur. Er erstreckt sich gleichmäßig in die drei Richtungen.

Ob so ein Raum tatsächlich identisch mit dem Raum unsers Universums ist, ist damit nicht entschieden. Es ist genauso denkbar, dass der Raum durch Dinge, die er enthält, strukturiert und verformt wird. So hat ja in der Tat Albert Einstein mit seiner Theorie der Relativität gezeigt: In großen Dimensionen „krümmt" Materie den Raum, und zwar umso stärker, je mehr Materie vorhanden ist und je stärker sie konzentriert ist. Wir bringen hier den ketzerischen Gedanken ins Spiel, dass auch elektrische Ladungen den Raum verändern könnten. Noch exotischer ist der Gedanke, auch Magnete verformen den Raum und zwar nur für andere magnetische Materialien! Wir erwähnen diese Möglichkeiten nur deshalb, weil bisher nicht exakt festgelegt werden konnte, was für Eigenschaften unserer Raum genau hat. Damit der Raum auch bei Anwesenheit von Ladungen so isotrop bleiben konnte wie oben beschrieben, entwickelten Physiker wie Michael Faraday und James C. Maxwell das Konzept der *elektrischen, magnetischen und der elektromagnetischen Felder*. In dieser Vorstellung „überlagern" Felder den Raum, ohne ihn zu verändern.

Alle bildlichen Darstellungen in diesem Buch sind dazu da, eine Idee zu vermitteln. Sie können die Wirklichkeit schon deshalb nicht exakt wiedergeben, weil das Dreidimensionale auf einer Ebene nicht darstellbar ist. Noch schwerer wiegt aber: Die „Wirklichkeit" ist schlicht nicht genau bekannt. Die Ideen von ihr veränderten sich über die Jahrhunderte gewaltig, wobei sich unsere Vorstellungen hoffentlich immer besser der Wirklichkeit angenähert haben. Ein schönes Beispiel dafür ist die später zu schildernde Vorstellung über die Natur der Atome und Elementarteilchen.

Felder in Raum und Zeit

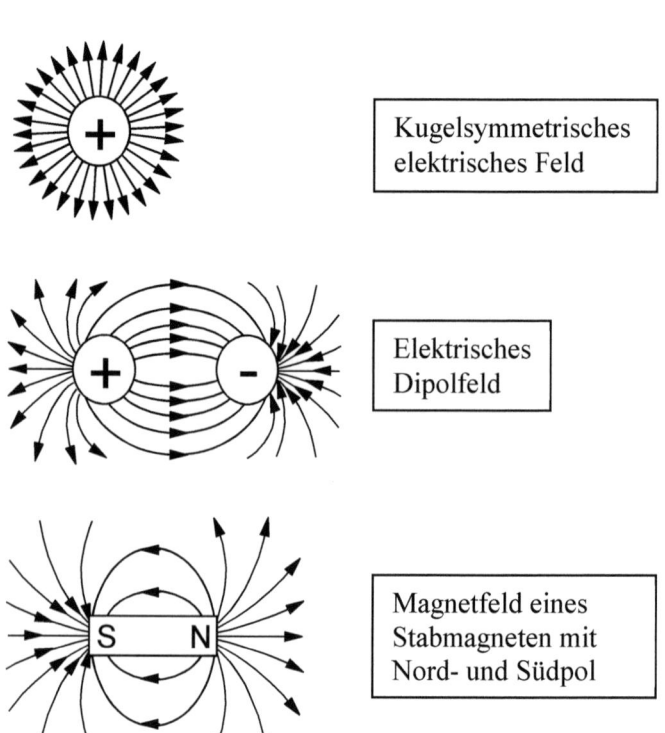

Kugelsymmetrisches elektrisches Feld

Elektrisches Dipolfeld

Magnetfeld eines Stabmagneten mit Nord- und Südpol

So sollen die vorangegangenen Darstellungen die Idee „*Feld*" vermitteln. Bei einem Dipolfeld ziehen sich entgegengesetzte Ladungen an. Das wird im Bild der Felder so ausgedrückt, dass die Feldlinien sich zu verkürzen suchen. Die Ladungen besitzen elektrische Energie. Diese muss man sich jedoch nicht bei den Ladungen lokalisiert vorstellen, sondern sie ist in dem Feld „gespeichert" und die Dichte der Feldlinien ist ein Maß für diese Energie. Über die Felder ist diese Energie im Raum anwesend. Das waren Beispiele für statische oder ruhende Felder.

Es gibt jedoch auch *dynamische* Felder, bei denen sich elektrische und magnetische Energie wie in einer Welle ausbreiten. Diese bewegen sich mit Lichtgeschwindigkeit durch das Vakuum und werden als *elektromagnetische Wellen* bezeichnet. Das sind Wellen aus gekoppelten elektrischen und magnetischen Feldern. Beispiele für elektromagnetische Wellen sind *Radiowellen, Mikrowellen, Wärmestrahlung, Licht, Röntgenstrahlung* und *Gammastrahlung.* Diese dynamischen Felder kann man somit unter dem Begriff *Strahlung* zusammenfassen. Strahlung hat Wellencharakter und gleichzeitig auch Teilchencharakter (zwischen Welle und Teilchen haben die Theorien mehrfach gewechselt). Die obigen Beispiele für Strahlung beginnen mit langen Wellenlängen und niedriger Frequenz und enden mit kurzen Wellenlängen und hoher Frequenz. Der Teilchencharakter wird dabei immer ausgeprägter. Man nennt so eine Welle auch Wellenpaket, das in der Quantentheorie auch Photon genannt wird. Seine Energie E ist gleich seiner Frequenz mal der Planck´schen Konstanten h ($E = h\,F$) und steigt so mit der Frequenz F an.

Plötzlich haben wir die Quantentheorie, die auch Quantenmechanik genannt wird, im Spiel, denn bei der Teilchenphysik und dem Verständnis des Lichts versagte die klassische Physik. Man entwickelte deshalb die Quantenmechanik, um die Vorgänge in der Welt des

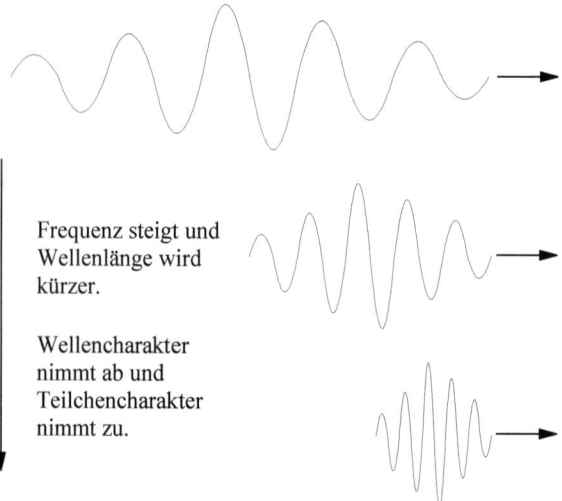

Frequenz steigt und Wellenlänge wird kürzer.

Wellencharakter nimmt ab und Teilchencharakter nimmt zu.

Wellenpakete, die auch Photonen genannt werden, sausen mit Lichtgeschwindigkeit durch den leeren Raum. In Medien wie Luft und Glas ist die Geschwindigkeit geringer.

Kleinen zu beschreiben. Eine wichtige Aussage der Quantenmechanik ist die von Werner Heisenberg gefundene *Unschärferelation*. Sie besagt, dass wichtige Messgrößen wie Ort und Impuls eines Teilchens, wie z. B. einem Wellenpaket des Lichts, nicht gleichzeitig genau bestimmbar sind. Misst man das eine, z. B. den Impuls möglichst genau, so ist sein Ort „verschmiert". Dann ist nicht bestimmt, wo genau sich das Wellenpaket befindet. Misst man aber den Ort, so ist der Impuls unscharf, unbestimmt oder „verschmiert". So gilt generell: Ein Teilchen wie ein Elektron hat auch Wellencharakter, und eine Lichtwelle hat auch

Teilchencharakter. Nur die Quantenmechanik beschreibt die damit verbundenen Vorgänge zutreffend und man spricht auch von *Materiewellen* und vom *Welle-Teilchen-Dualismus*. Dieses Bild zeigt *Polarität* in schönster Ausprägung: Welle und Teichen bedingen sich gegenseitig und sie bilden zusammen etwas Vollständiges, zum Beispiel Licht. Darüber hinaus zeigen die elektrischen und magnetischen Anteile der Lichtwelle eine weitere Polarität. Licht ist also in doppeltem Sinn polar aufgebaut.

Die Teilchennatur des Lichts wurde durch den *Lichtelektrischen Effekt* bewiesen. Dabei braucht Licht eine bestimmte Schwellenenergie um Elektronen von einem Metall abzulösen.

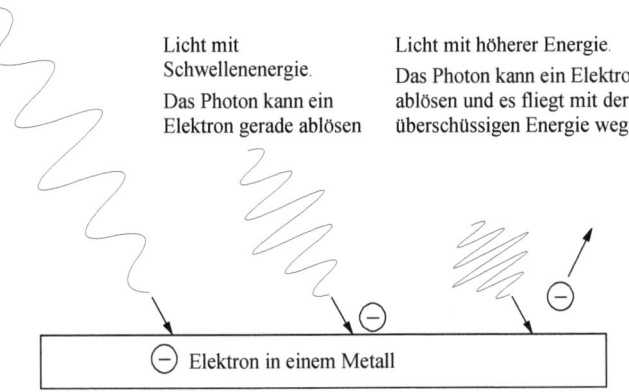

Licht mit Schwellenenergie.
Das Photon kann ein Elektron gerade ablösen

Licht mit höherer Energie.
Das Photon kann ein Elektron ablösen und es fliegt mit der überschüssigen Energie weg

⊖ Elektron in einem Metall

Der *Lichtelektrische Effekt*. Photonen mit Energien unterhalb der Schwellenenergie können Elektronen nicht ablösen, und zwar unabhängig von der Intensität des Lichts. Durch eine erhöhte Intensität erhöht man nur die Zahl der pro Sekunde auftreffenden Quanten. Von denen bringt jedoch trotzdem keines genügend Energie mit, um ein Elektron abzulösen.

Die Deutung des Vorgangs durch Albert Einstein brachte ihm den Nobelpreis ein. Die Schwellenenergie hängt vom Metall ab und ist ein Maß für die Bindungsenergie des Elektrons im Metall. Diese Energie muss vom Lichtquant mindestens mitgebracht werden um ein Elektron abzulösen.

Die Unschärferelation werden wir später noch öfter brauchen, so z. B. bei der Frage nach der Stabilität der Atome.

Noch weiterführende Gedanken zu *Raum* werden wir später bei der Welt im Großen und der Relativitätstheorie entwickeln.

Wir leiten hier über zur Frage „*was ist Zeit?*"

Da Physiker mit der Zeit „rechnen", haben sie von Anfang an versucht, die subjektiven Aspekte der Zeit nicht zu berücksichtigen (Wachen, Schlafen, Altern, Tod usw.). Herausgekommen ist dabei eine vom Beobachter unabhängige Zeit, die gleichmäßig linear abläuft und seit der Entdeckung des Urknalls auch einen Anfang hat. Ihre Richtung ist so durch die Ausdehnung unseres Universums vorgegeben. Diese Vorstellung einer unabhängig von uns gleichmäßig linear ablaufenden Zeit ist aber nicht nur wegen den Befunden der Relativitätstheorie problematisch, denn nach ihr hängt die Geschwindigkeit des Zeitablaufs von der Geschwindigkeit eines Beobachters ab. Die Hauptschwierigkeit ist, man kann die Existenz einer von einem Beobachter unabhängig ablaufenden Zeit nicht beweisen. Beweisbar ist nur die Existenz von zyklisch periodisch ablaufenden Vorgängen wie Schwingungen. So ist die Schwingung eines Pendels ein sich regelmäßig wiederholender Vorgang. Ordnet man nun jedem Pendelschlag eine bestimmte Zeitlänge zu, und sagt z.B.

das sei eine Sekunde, so hat man mit dieser Vorgehensweise eine linear ablaufende Zeit erzeugt. Ihre tatsächliche Existenz ist damit jedoch nicht bewiesen. Es ist somit eher eine Vereinbarung, die die Zeit der Physik erzeugt, und von uns so genannt wird.

Auf ähnliche Weise haben schon unsere Vorfahren mit dem Erleben der Jahre und Jahreszeiten die Vorstellung einer linear ablaufenden Zeit geschaffen. Dabei ist es sogar sekundär, ob man die Sonne um die Erde kreisen sieht, oder umgekehrt. An dieser Stelle kann auch jedem klar werden, warum Astronomen und Physiker mit dieser Sorte Zeit die Bewegungen der Himmelskörper so präzise berechnen können, und beispielsweise genaue Voraussagen über Sonnen- und Mondfinsternisse machen können, denn sie benutzen für ihre Berechnungen eine Zeit, die exakt zu diesen Bewegungen „passt".

Deshalb verzichten Physiker nicht auf diese Sorte Zeit, denn sie könnten dann keine Theorien über dynamisch bewegtes Verhalten von Körpern aufstellen, und auch Messungen dieser Bewegungen wären nicht möglich. Trotzdem müssen wir uns darauf einstellen, dass es außer der so definierten Zeit noch andere Sorten Zeit gibt. Wir haben ja die von uns subjektiv erlebten Sorten von Zeit erwähnt, und auch die Zeit in der Physik hat in den letzten Jahrzehnten subjektive Aspekte hinzugewonnen. Sie ist nämlich vom Beobachter und seinem Bewegungszustand abhängig.

Kraft

In seinen „Mathematischen Prinzipien der Naturphilosophie" hat Newton drei Prinzipien aufgestellt, die das Fundament der Klassischen Mechanik bilden. Sie werden auch als Axiome oder Gesetze bezeichnet.

- *Ein Körper verharrt im Zustand der Ruhe oder der gleichförmigen Translation, sofern er nicht durch einwirkende Kräfte zur Änderung seines Zustands gezwungen wird.* Das Prinzip der Trägheit.

- *Die Änderung der Bewegung ist der Einwirkung der bewegenden Kraft proportional und geschieht nach der Richtung derjenigen geraden Linie, nach welcher jene Kraft wirkt.* Das Aktionsprinzip: Kraft = Masse mal Beschleunigung.

- *Kräfte treten immer paarweise auf. Übt ein Körper A auf einen anderen Körper B eine Kraft aus (*actio*), so wirkt eine gleich große, aber entgegen gerichtete Kraft von Körper B auf Körper A (*reactio*).* Das Prinzip Aktion = Reaktion.

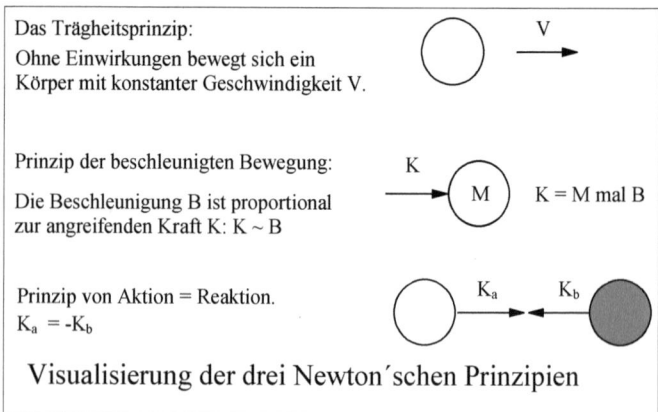

Das Trägheitsprinzip:

Ohne Einwirkungen bewegt sich ein Körper mit konstanter Geschwindigkeit V.

Prinzip der beschleunigten Bewegung:

Die Beschleunigung B ist proportional zur angreifenden Kraft K: $K \sim B$

$K = M$ mal B

Prinzip von Aktion = Reaktion.
$K_a = -K_b$

Visualisierung der drei Newton´schen Prinzipien

Die Anwendung der Prinzipien als Gesetze ermöglicht eine sehr genaue Berechnung des Verhaltens von großen Körpern. Die Bewegungen der Planeten lassen sich voraussagen, aber auch das Verhalten von uns auf der Erde vertrauten Körpern wie Steine und Äpfel wird damit gut erfasst. Nur bei Geschwindigkeiten, die der des Lichts nahekommen, versagen die Prinzipien und sie müssen durch die Relativitätstheorie abgelöst werden. Die Prinzipien würden Geschwindigkeiten größer als die des Lichts erlauben, was jedoch unmöglich ist. Außerdem ist die Vorstellung der Fernwirkung von Kräften problematisch. Stellt man sich Aktion = Reaktion zwischen zwei Himmelskörpern vor, so suggeriert dieses Prinzip eine zeitunabhängige Fernwirkung der Schwerkraft, die auf die beiden Körper wirkt. Solch eine Sofortwirkung ist nach der Relativitätstheorie verboten, da sich nach ihr auch Wirkungen maximal mit Lichtgeschwindigkeit ausbreiten können (ein schönes Beispiel dafür sind die später zu besprechenden Gravitationswellen).

Bezüglich der vier Grundkräfte in der Physik verweisen wir hier auf den Exkurs auf der nächsten Seite.

Beide Theorien, die Newtons und die Relativitätstheorie von Einstein versagen bei der Welt der Teilchen und Atome. In diese Welt wollen wir nun etwas eintauchen.

Exkurs 3: Die vier Grundkräfte der Physik

Diese bezüglich ihrer Stärke, Reichweite, Anziehung und Abstoßung verschiedenen vier fundamentalen Wechselwirkungen braucht man mindestens, um die Vielfalt der in der Physik beobachteten Vorgänge zu erklären.

Die Gravitation. Sie wirkt grundsätzlich anziehend auf alle Körper mit Masse und hat eine beliebig große Reichweite. Sie ist die relativ schwächste der vier Kräfte, addiert sich aber bei großen Massen zu gigantischen Werten.

Der Elektromagnetismus. Erklärt die Phänomene der Elektrizität, des Magnetismus und der Optik. Die elektromagnetische Wechselwirkung geht von elektrischen Ladungen, magnetischen Dipolen und elektromagnetischen Feldern aus. Die Kraft wirkt abstoßend zwischen gleichen Ladungen und anziehend zwischen entgegengesetzten Ladungen. Sie hat eine beliebig große Reichweite, wird mit steigender Entfernung aber schnell schwächer.

Die schwache Wechselwirkung. Sie wird auch als *schwache Kernkraft* bezeichnet und verursacht den sogenannten Betazerfall von Atomkernen, bei dem Elektronen emittiert werden. Sie ist gar nicht so schwach wie der Name andeutet, wirkt jedoch wegen ihrer extrem kurzen Reichweite so (10^{-16} cm).

Die starke Wechselwirkung. Die starke Wechselwirkung, auch *starke Kernkraft* genannt, bindet die Quarks aneinander (siehe auch die Seiten 49 und 50). Sie bewirkt damit den inneren Zusammenhalt des Protons und Neutrons. Sie ist auch die Ursache für die Kernkräfte, die Atomkerne zusammenhält. Ohne sie würden Atomkerne wegen der Abstoßung der gleichgeladenen Protonen auseinanderfliegen. Die Reichweite ist mit~10^{-13} cm sehr klein. Sie ist aber die relativ stärkste der Kräfte.

Teil1. Grundlagen Physik
Bausteine und Teilchen

Die Welt der Teilchen

Für die Vorstellung, die Materie bestehe aus kleinsten unteilbaren *„Atomen"* ist Demokrit berühmt. Demokrit war ein Schüler des Leukipp und sie beide haben die Atome erdacht. Diese Atome sollten verschiedene Größen und Formen besitzen, die regelmäßig bis krumm sein können. Sie sollten aber fest und massiv sein und nicht weiter teilbar, jedoch jeweils ein bestimmtes Volumen einnehmen, das in sich aber nicht weiter strukturiert ist.

In neuerer Zeit hat man durch Experimente der Chemie tatsächlich gefunden, dass Elemente wie Wasserstoff, Gold usw. aus Atomen bestehen, die anfangs auch für unteilbar gehalten wurden. Teilbar waren jedoch Moleküle, für die eine Zusammensetzung aus Atomen festgestellt wurde. Später fand man, Atome haben eine innere Struktur, bestehen aus negativ geladenen Elektronen und haben einen Kern aus positiv geladenen Protonen und ungeladenen Neutronen. Es entstand dadurch das Problem, die Stabilität der Atome und damit generell von Materie zu verstehen, denn nach der Klassischen Physik müssten die gleichvielen Elektronen und Protonen im Atom wegen der elektrostatischen Anziehung in „Nullkommanichts" in sich zusammenstürzen. Sie würden dann höchstens noch ein Tausendstel des vorherigen Volumens einnehmen und ungeladen sein, denn ihre Ladungen hätten sich neutralisiert. Alle Materie wäre so im Nu praktisch verschwunden und die neutralen Reste würden sich auch nicht zu größeren Einheiten verbinden. Da das den Befunden widersprach, konnte nur geschlossen werden, die klassische Physik kann das Verhalten von Atomen und Materie nicht erklären. Die *Quantentheorie* oder Quantenmechanik musste entwickelt werden. Nach ihr gibt es stabile Zustände für Elektronen außerhalb des Atomkerns trotz der elektrostatischen Anziehung von Protonen und Elektronen. Diese Zustände werden *Orbitale* genannt und das ist hier für den Wasserstoff dargestellt. Es ist der einfachste Fall eines Atoms.

Orbitale

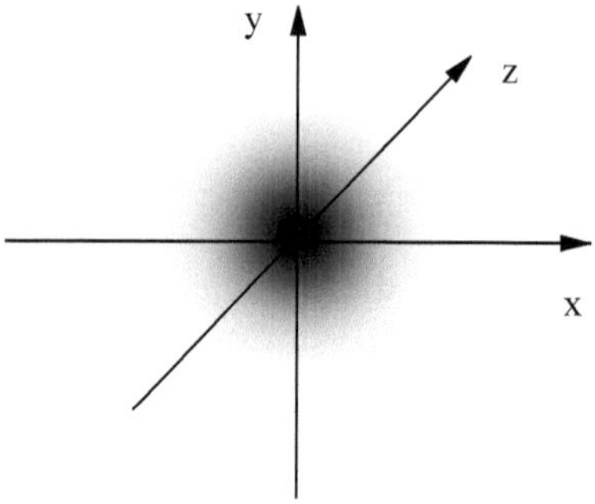

Elektronenwolke des Wasserstoffs im Grundzustand. Die kugelsymmetrische Verteilung der Aufenthaltswahrscheinlichkeit des einzigen Elektrons suggeriert hier, dass das Elektron sich in der Nähe des Atomkerns häufig aufhält. Dieser Eindruck ist jedoch völlig falsch.

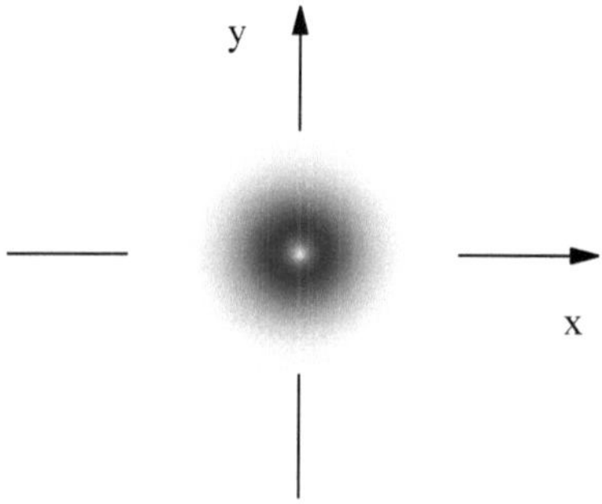

Elektronenwolke des Wasserstoffs im Grundzustand geschnitten in der x-y-Ebene. Man sieht, die Aufenthaltswahrscheinlichkeit ist im Zentrum, d.h. beim Atomkern, gleich null! Sie wächst nach außen an, um dann wieder abzufallen.

Die Welt der Orbitale der Elektronen kann am einfachsten im Internet erkundet werden. Für Atome mit mehreren Elektronen werden diese orbitalen Zustände in ihrem Aufbau so komplex, dass sie hier nicht sinnvoll darstellbar sind.

So hat erst die Quantenmechanik ein Verständnis von stabilen Elektronenzuständen im Atom ermöglicht. Wegen der schon erwähnten Unschärferelation kann das Elektron gar nicht im Atomkern konzentriert werden! Sein Ort wäre dann genau lokalisiert und sein Impuls wäre unbestimmt. Die Relation ist: Impulsunschärfe mal Ortsunschärfe ~ h, und h ist die Plank'sche Konstante. Da nun die Bindungsenergie des Elektrons im Atom von beispielsweise 10 Elektronenvolt (eV) einem bestimmten Impuls entspricht, ergibt dies eine Ortsunschärfe. Diese entspricht der Größe des Atomdurchmessers. Das Elektron muss also über diesen Bereich verschmiert sein! Dieser Bereich ist übersetzt sein Orbital, innerhalb dessen es mit bestimmten Wahrscheinlichkeiten angetroffen werden kann. Wir sehen, unsere Welt im Kleinen ist viel komplizierter als vorher gedacht.

Wegen der Komplexität der Welt im Kleinen folgt auf der nächsten Seite eine Übersicht über *Größenverhältnisse.* Wir wandern vom schon unvorstellbar kleinen Molekül ($\sim 10^{-7}$cm) zu den beiden kleinsten bekannten Bausteinen der Materie, dem Elektron und dem Quark. Ihre *maximale* Größe ist als Durchmesser angegeben gleich 10^{-16} cm, d.h. sie sind *mindestens* eine Milliarde mal kleiner als ein Molekül! (wir erklären die maximale Größe später unter Struktur und Teilbarkeit) Zwischen Molekül und Quarks begegnen wir noch dem Atom und seinem Kern, der aus Protonen und Neutronen aufgebaut ist. Das Atom ist hier mit den „alten" Elektronenbahnen dargestellt und nicht mit den angemesseneren Orbitalen. Stellt man sich ein Atom auf die Größe eines Fußballstadions vergrößert vor, so wäre sein Elektron immer noch kleiner als ein Zehntausendstel eines Zentimeters! Für Leser, die solche Größenangaben gewohnt sind, ist das ein Mikrometer.

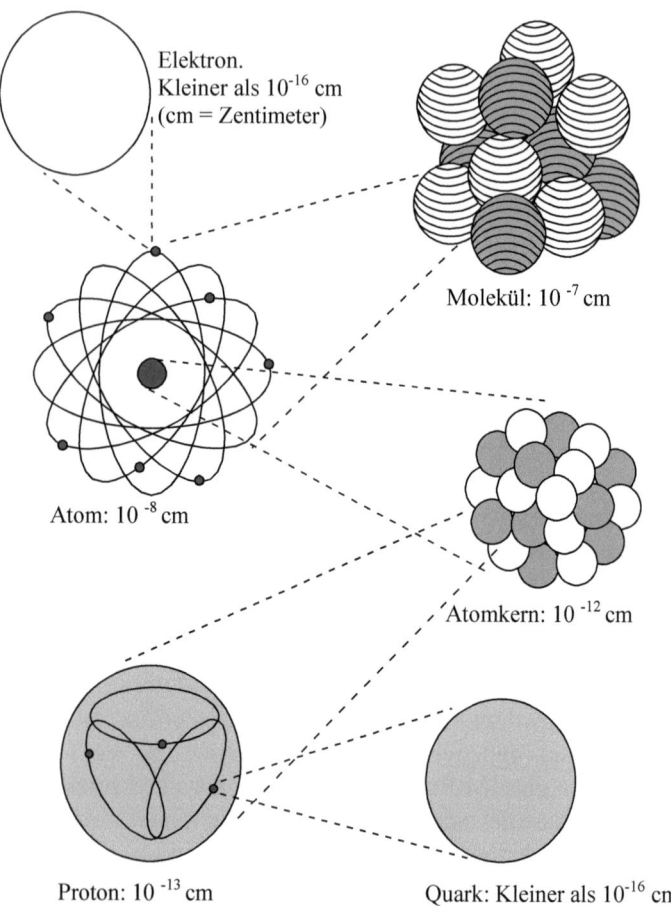

Elektron.
Kleiner als 10^{-16} cm
(cm = Zentimeter)

Molekül: 10^{-7} cm

Atom: 10^{-8} cm

Atomkern: 10^{-12} cm

Proton: 10^{-13} cm

Quark: Kleiner als 10^{-16} cm

Größenverhältnisse von Teilchen. Wir beginnen rechts oben beim aus Atomen zusammengesetzten Molekül und enden rechts unten beim Quark und links oben beim Elektron. Für Quark und Elektron ist die Angabe die obere Grenze. Sie könnten noch viel kleiner sein und vielleicht sogar wie Punkte überhaupt keine Ausdehnung haben!

Wir kommen nun zur Teilbarkeit oder Unteilbarkeit von Teilchen. Für die Teilchen des vorangegangenen Bildes stellten die Physiker fest: Das Molekül, das Atom, der Atomkern sowie das Proton und das Neutron sind zusammengesetzte Teilchen. Das heißt, sie sind alle teilbar! Warum ist das so?

Innere Struktur und Teilbarkeit.

Es gilt generell eine Tatsache: Hat ein Teilchen eine innere Struktur, so ist es im Prinzip teilbar. Das haben die Physiker mit Kollisionsexperimenten in den großen Teilchenbeschleunigern herausgefunden. Dabei werden beispielsweise Elektronen auf Protonen, oder Protonen auf Protonen geschossen. Je nach der Art des Teilchens braucht man immer höhere Energien um seine innere Struktur zu „sehen", d.h. das auftreffende Teilchen trifft *im Innern* des getroffenen Teilchens auf etwas „Hartes" und wird gestreut. Oder man findet keine innere Struktur (zumindest bis zu den angewandten Energien nicht). Dabei haben sich bisher nur das Elektron und das Quark als unteilbar erwiesen, und die angewandten Energien legten ihre *maximale* Größe als kleiner 10^{-16} cm fest. Das ist so klein, dass selbst Physiker meinen: „Nach allem, was wir wissen, könnten sie sogar mathematische Punkte mit überhaupt gar keiner Größe sein!" (Michael Riordan und David N. Schramm „Die Schatten der Schöpfung", S. 32, Spektrum Verlag; Lit. 3).
Wäre das wirklich so, so hätte es natürlich sehr weitgehende philosophische und auch praktische Konsequenzen. Es wird plötzlich vorstellbar, dass unsere Welt *bezüglich ihrer aus solchen Punkten zusammengesetzten Größe* letztlich aus „*Nichts*" besteht. Alles könnte zu einem Punkt schrumpfen!

Wir kommen nun zu weiteren Eigenschaften der Teilchen. Eine wichtige ist der Spin. Dieser Spin sieht aus wie der Drehimpuls eines Kreisels. Für Teilchen gibt es ihn nur in diskreten Einheiten. Er ist „gequantelt".

Der Spin.

Unter diesem Begriff stellt man sich gerne etwas vor, das wie ein Kreisel um eine feste Achse rotiert, das also im Raum eine genau festgelegte Position hat. Das trifft es aber nicht wirklich, denn nach der Unschärferelation kann es solche genauen Ortsfestlegungen nicht geben. Man muss sich den Spin eher als das gleiche Aussehen des Teilchens denken, das es nach einer Drehung um einen bestimmten Winkel wieder einnimmt. Wir geben hier einige Beispiele.

			Beispiel
Spin 3	Nach einer Drehung um 120° sieht das Teilchen wieder gleich aus		In der Physik bisher keines bekannt
Spin 2	Nach einer Drehung um 180° sieht das Teilchen wieder gleich aus		Das Graviton. Bisher nicht nachgewiesen
Spin 1	Nach einer Drehung um 360° sieht das Teilchen wieder gleich aus		Das Lichtquant oder Photon

Doch es gibt auch den Spin ½, den Spin der Fermionen (Nach Enrico Fermi, Physiker). Wie steht es damit? Hier hilft am besten die Vorstellung, das Teilchen sieht von vorne anders aus als von hinten.
Damit man sich von so etwas Exotischem eine Vorstellung machen kann, bieten wir hier als

von vorne   von hinten

Hilfestellung das Aussehen einer Wok-Schüssel an. Man sieht von oben in sie hinein und von hinten auf ihre gerundete Rückseite.

Wenn man so ein Teilchen im Uhrzeigersinn um z.B. 90°dreht, muss man sich vorstellen, es habe sich dabei auch um die Hälfte dieses Winkels von oben nach unten gedreht. Durch diese Drehkomponente kommt ein Teil der Rückseite auf die Vorderseite, erscheint aber wegen der Drehkomponente um 90° im Uhrzeiger, nicht oben, sondern rechts. Es kommt etwas heraus, das aussieht wie Mondphasen, und *erst nach zwei vollen Umdrehungen ist wieder das gleiche Aussehen erreicht*:

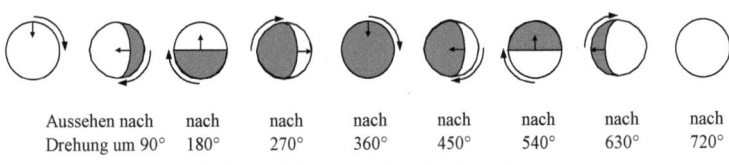

Aussehen nach Drehung um 90°	nach 180°	nach 270°	nach 360°	nach 450°	nach 540°	nach 630°	nach 720°

Visualisierung des Spins ½

Verrückt, nicht wahr? Aber so verhält sich das Elektron, das Proton, das Neutron und die Quarks, alles Teilchen mit Spin ½, und zwar entweder +½ oder −½. Sie können sich also bezüglich ihres Spins im Vorzeichen unterscheiden.

Für Teilchen mit Spin ½ gilt das *Pauli'sche Ausschlussprinzip*. Dieses von Wolfgang Pauli gefundene Prinzip verbietet Teilchen mit Spin ½, einen von einem zweiten Teilchen schon besetzten Quantenzustand mit Spin ½ auch noch einzunehmen. Ein Elektron muss deshalb den Spin −½ haben, um zusammen mit einem Elektron mit dem Spin +½ den Grundzustand eines Wasserstoffmoleküls zu besetzen:

53

Das Pauli Prinzip und die Bindung

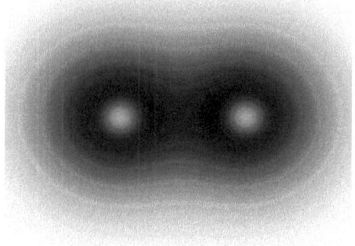

> Zwei Wasserstoffatome bilden ein Wasserstoffmolekül.
> Die zwei Elektronen schwirren um beide Atome

Dadurch ist eine Bindung der beiden Wasserstoffatome eingetreten, denn das gemeinsame Besetzen dieses Grundzustands führt zu einer Energieabsenkung. Energieabsenkung heißt, der neue Zustand ist stabiler als der vorangegangene Ungebundene. Das ist ein Beispiel für die weitreichenden Folgen des *Ausschlussprinzips.* Es bestimmt den Aufbau der Elektronenhülle der Atome und über die chemische Bindung den Aufbau des Periodensystems der Elemente. Bringt man viele Moleküle in nahen Kontakt wie z.B. in Wasser oder in Festkörpern, so wird auch die Kompressibilität und Festigkeit dieser Flüssigkeiten und Körper maßgeblich durch das Pauli Prinzip bestimmt, denn den Elektronen ist es verboten, sich gegenseitig zu nahe zu kommen.

Aus was bestehen die zusammengesetzten Teilchen?

Die Physiker haben durch die Kollisionsexperimente in den Teilchenbeschleunigern einen ganzen „Zoo" von vielen unterschiedlichen Teilchen entdeckt. Sie unterscheiden sich bezüglich ihrer Masse, Ladung, Spin, Lebensdauer und ihrer Teilbarkeit bzw. Unteilbarkeit.

Die Befunde waren jedoch insofern unbefriedigend, als nun aus dem vorher „einfachen" Bild, Materie besteht aus Protonen, Neutronen und Elektronen, plus Licht das zwischen diesen Teilchen „kommuniziert", ein viel komplexeres geworden war. In dem Bemühen, dieses Bild wieder zu vereinfachen, wurde das Modell der Quarks entwickelt, aus denen zusammengesetzte Teilchen wie Protonen und Neutronen bestehen sollten. Für die Physiker ist ein einfacheres Bild über die Natur auch viel überzeugender als ein kompliziertes. Das Bemühen zu vereinfachen war von Erfolg gekrönt und die zwei übernächsten Seiten geben einen Überblick über die drei Familien elementarer Teilchen, die heute als unteilbar gelten.

Die Tabelle auf Seite 58 wird als das Standardmodell der Teilchen bezeichnet.

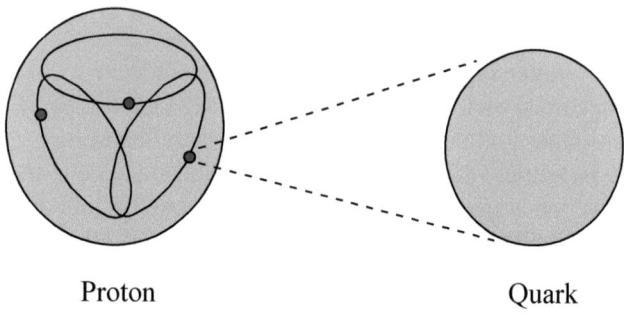

Proton   Quark

Als zusammengesetztes Teilchen besteht ein Proton aus 3 Quarks. Diese sind im Proton so intensiv durch sogenannte Gluonen aneinander gebunden, dass 95% der Masse des Protons durch diese Bindungsenergie bewirkt wird. Das kann einen Eindruck vermitteln, wie stark die starke Kernkraft ist, und wie schwer deshalb Protonen und Neutronen aufzuspalten sind. Nur 5% der Protonmasse wird durch die Masse der 3 Quarks selbst aufgebracht. Es gibt unterschiedliche Quarks, die sich bezüglich ihrer Masse, Ladung, Spin und Quantenzahl voneinander unterscheiden. Sie gelten als unteilbar und ein Proton besteht aus zwei sogenannten up-Quarks und einem down-Quark.

Das Standardmodell der Teilchen

Die Familien der als unteilbar geltenden elementaren Teilchen:
Es gibt sechs Typen von Quarks, sechs elektronenähnliche Teilchen (Leptonen) und noch kraftübertragende Teilchen wie das Photon und das Gluon. Quarks und Leptonen haben den Spin plus oder minus 1/2, Photon und Gluon haben den Spin 1. Zu jedem Teilchen gibt es noch das sogenannte Antiteilchen, das aber nicht natürlich und stabil vorkommt. Antiteilchen können jedoch künstlich erzeugt werden und sie wurden auch in der kosmischen Strahlung nachgewiesen.

Ein Teilchen fehlt noch in der Darstellung auf der nächsten Seite. Es ist das nach Peter Higgs so benannte Higgs Teilchen. Es vervollständigt dieses Standardmodell der Teilchen und wir kommen im Folgenden unter *die Masse der Teilchen* näher auf es zu sprechen.

Erste Familie	Zweite Familie	Dritte Familie
●	●	⬤
up Quark	charm Quark	top Quark
●	●	●
down Quark	strange Quark	bottom Quark
·	●	●
Elektron Neutrino	Müon Neutrino	Tau Neutrino
·	●	●
Elektron	Müon	Tau

Das Standardmodell der Teilchen. Die drei Familien aus Quarks und Leptonen (elektronartige). Sie sind heute alle nachgewiesen. Die Masse der Teilchen ist durch die dargestellte Größe versinnbildlicht. Protonen und Neutronen sind Nukleonen und aus up und down Quarks zusammengesetzt. Freie Quarks bilden sofort Protonen und Neutronen und sind in diesen stabil eingeschlossen. Die Ausnahme ist das Top Quark. Es hat eine so kurze Lebensdauer, dass diese nicht ausreicht, um Nukleonen zu bilden. Es ist ungefähr so schwer wie ein Goldatom (!), zerfällt aber in 10^{-25} Sekunden.

Das hier etwas vereinfacht dargestellte Bild der drei Familien von unteilbaren Teilchen ist jedenfalls wesentlich übersichtlicher als der oben erwähnte „Teilchenzoo", der aus vielen teilbaren und unteilbaren Teilchen bestand.

Mancher Leser hat vielleicht schon von Teilchen gelesen oder gehört, von denen hier bisher nur wenige erwähnt oder beschrieben wurden. Gemeint sind meist sehr *kurzlebige Teilchen*. Sie sind also *instabil* und zerfallen nach kurzer Zeit in etwas Anderes, das wiederum ein Teilchen sein kann, oftmals plus eine Form von Strahlung mit bestimmter Wellenlänge und Frequenz. Das kann ein Photon oder z.B. ein Neutrino sein.

Es gibt einen ganzen Zoo solcher instabilen Teilchen, die beispielsweise durch Kollision von hochenergetischer kosmischer Strahlung mit unserer Atmosphäre entstehen, oder bei Experimenten in Teilchenbeschleunigern. Wir verzichten hier darauf, diesen Zoo von instabilen Teilchen detailliert darzustellen, denn das würde unseren Rahmen sprengen. Es reicht auch aus zu wissen, es gibt solche Teilchen und Strahlungsformen, die die Welt der weiter oben geschilderten und meist stabilen Teilchen ergänzen.

Die Masse der Teilchen.

In der Physik stellte sich seit langem die Frage, *ist die Eigenschaft der Masse von Teilchen begründbar?*
Masse macht Teilchen träge und man muss deshalb Energie aufwenden um sie zu beschleunigen. Falls sie sich durch ein Medium wie Luft oder Wasser bewegen, werden sie gebremst. Soll beispielsweise ein Ball beim Flug durch die Luft eine konstante Geschwindigkeit beibehalten, so muss ihm dauernd etwas Energie

zugeführt werden. Will man ein Elektron in einem elektrischen Feld auf den negativen Pol hinzu bewegen, so muss auch dazu Energie aufgewendet werden.

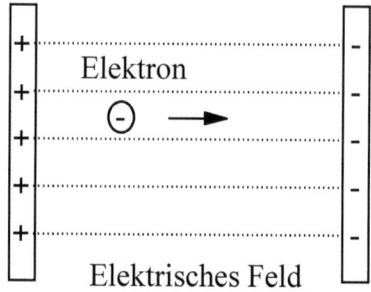

Elektrisches Feld

Diese Befunde inspirierten den Engländer Peter Higgs zu der Idee, dass es kurz nach dem Urknall ein Feld gegeben haben könnte, in dem Teilchen einen Widerstand gespürt haben und ihnen dadurch eine Masse verliehen wurde. Er entwickelte eine *Theorie* dazu, die ein Teilchen voraussagte, dessen Masse der Energie der damals abfallenden Temperatur gemäß $E = M\,C^2$ entsprach (Einstein′sche Formel, C ist die Lichtgeschwindigkeit). Diese Temperatur war damals noch so hoch, dass dieses Teilchen eine Masse haben sollte, die so groß wie die von zwei Eisenatomen sein sollte! Das ist für ein Teilchen eine sehr große Masse, die man in Elektronenvolt angeben kann (ca. 125 Milliarden Elektronenvolt oder 125 GeV).

Um solch ein Teilchen in einem Experiment zu erzeugen, muss man noch viel höhere Energien zur Verfügung haben. Das war erst kürzlich in dem Teilchenbeschleuniger bei Genf möglich (LHC, **L**arge **H**adron **C**ollider). Dort wurden Protonen mit solch riesigen Energien aufeinander geschossen. Bei den Myriaden von Kollisionen konnten nun tatsächlich genügend viele solcher Teilchen nachgewiesen werden.

Damit gilt dieses nun Higgs-Teilchen genannte Teilchen als bestätigte Tatsache. Das dazugehörige Feld wird Higgs-Feld genannt (es waren noch einige andere Physiker zur gleichen Zeit wie Higgs dabei, eine solche Theorie zu entwickeln. Sie werden hier nicht namentlich genannt). So hat dieser Nachweis die Theorie von Peter Higgs bestätigt und große Aufregung unter den Physikern verursacht, denn das Higgs-Teilchen war der letzte und wichtigste Bestandteil des sogenannten Standardmodells der Teilchenphysik, das alle heute bekannten Teilchen mit ihrer jeweiligen Masse umfasst. Als Beispiel nennen wir hier das Proton und das Elektron, die dieselbe Ladung haben, aber mit entgegengesetztem Vorzeichen. Trotzdem ist das Proton ca. 2000 mal schwerer als das Elektron. Das Higgs–Teilchen ist wiederum 125 mal schwerer als das Proton und es zerfällt nach sehr kurzer Zeit in zwei Lichtquanten, sogenannte Photonen.

Wir beenden hier unseren Streifzug in die Welt des Kleinen, die durch die Quantentheorie zutreffend beschreibbar wurde. Zusammenfassend halten wir hier fest, dass *die unteilbaren Teilchen*, aus denen unsere bekannte materielle Welt letzlich besteht, *vielleicht überhaupt kein festes und raumerfüllendes Volumen haben* (Quarks, Elektronen u.s.w.). Sie müssen dann wie mathematische Punkte gesehen werden, die dann aber trotz ihrer Punktartigkeit ganz bestimmte Eigenschaften wie Masse, Ladung und Spin besitzen! *Sie wirken dann nur über ihre Schwingungszustände so, als ob sie ein festes Volumen hätten!* Das war nun wirklich nicht zu erwarten gewesen und entzieht sich letzlich unserer Vorstellungskraft. Diese Eigenschaften sind jedoch besonders wichtig, weil sie letzlich für alles, was in unserer Welt Struktur hat, verantwortlich sind. Je weiter wir zum Kleinen vorgestoßen sind, desto mehr hat sich dort die Welt **„entmaterialisiert".**

Wie mag es in der Welt des Großen aussehen? Diese Welt ist durch die atemberaubenden Erkenntnisse der Physik und der Kosmologie immer besser verstanden. Als mathematische Beschreibung ist hier die Relativitätstheorie zuständig. Da die Welt im Großen letztlich auch nur aus kleinen Teilchen besteht, bräuchte man dort auch noch die Quantentheorie. Es ist jedoch bisher nicht gelungen, die Quantentheorie mit der Relativitätstheorie zu verbinden und so eine „Theorie der Quantengravitation" zu entwickeln. Inselartig beschreibt die Quantentheorie die Welt des Kleinen und die Relativitätstheorie die Welt des Großen. Wie wir jedoch noch sehen werden, haben beide Gebiete viel voneinander gelernt.

Die Welt der Physik im Großen

Die Reise ins Große wartet mit ähnlich extremen Zahlen auf wie bei den Teilchen, nur umgekehrt. Wo im Kleinen die Nachweisgrenze für Teilchengrößen heute bei einem unbegreiflich kleinen Hundertmillionstel von einem Hundertmillionstel eines Zentimeters liegt, gibt es im All mindestens 100 Milliarden Galaxien mit jeweils mindestens 100 Milliarden Sternen. Zum Vergleich: Unser Gehirn hat ungefähr 20 Milliarden Nervenzellen.

Wir lassen hier frühere Theorien über den Zustand des Alls weg und beginnen gleich mit dem heute anerkannten Universum, das *aus einem Punkt heraus* durch den *Urknall* vor 13.7 Milliarden Jahren entstand und sich seither gewaltig ausgedehnt hat. Wenn es für uns auch nicht vorstellbar ist, so halten wir hier trotzdem ausdrücklich fest: Es war ein *Punkt ohne Umgebung* und deshalb *nicht* in einen Raum eigebettet. Niemand hätte es von außen beobachten können! Es gab kein Außen.

Durch den Knall kam im Prinzip alles, was wir heute vorfinden, in diese unsere neue Welt: Zeit, Raum, Strahlung sowie Materie und Energie. Geist lassen wir hier weg, denn die Physiker können ihn nicht messen, und quasi existiert er für Physiker deshalb nicht. Das ist natürlich eine starke Begrenzung für ihre Erkenntnisfähigkeit. Man kann das mit einem Mittelwellenradio vergleichen, für das UKW- Sender einfach nicht vorhanden sind!

Wenn die Physiker bis nahe an diesen Anfangspunkt zurückrechnen, so versagen ihre Gesetze nahe bei diesem Punkt. Sie können also über den Entstehungs- oder Schöpfungsakt selbst keine sinnvollen Aussagen machen. Das stört manche sehr und sie versuchen mit Kunstgriffen doch einen Zugang zu finden (Stichwort Stephen Hawkins; Vorschlag: Keine Grenzen und mit imaginärer Zeit). Für unser Verständnis sind solche Versuche zu komplex. Ihr Konzept ist nicht selbstverständlich und wir müssen auf eine Darstellung verzichten.

Warum sind die Physiker so sicher, dass der Urknall stattfand? Es sind im Wesentlichen drei Beobachtungen:

- Die Existenz der *Kosmischen Hintergrundstrahlung.*
- Die *Rotverschiebung des Lichts*, das uns von fernen Sternen erreicht.
- Die *Nukleosynthese.* Das ist die Bildung der ersten Protonen und Neutronen. Aus diesen entstanden dann etwas später die Elemente Wasserstoff, Helium und etwas Lithium.

Die Kosmische Hintergrundstrahlung.

Sie wurde 1964 von A. Penzias und R. Wilson als Rauschen mit ihrer Antenne empfangen, nachdem sie von G. Gamov und Kollegen schon 1948 postuliert worden war. Sie hatten vorausgesagt: Wenn das Universum mit einem großen Knall entstanden sein sollte, so müsste das mit einer ursprünglich extrem heißen Strahlung einhergegangen sein. Diese hätte sich bis heute durch die Ausdehnung des Universums bis auf nur 3 Grad über dem absoluten Nullpunkt sehr abgekühlt, und müsste als extrem gleichmäßig aus allen Richtungen einfallende Strahlung messbar sein. Genau diese Strahlung hatten Penzias und Wilson gemessen und lieferten damit einen starken Hinweis auf die Richtigkeit der Hypothese des Urknalls. Die Gleichmäßigkeit oder Isotropie der einfallenden Strahlung ist ein sehr wichtiger Punkt, denn das zeigt, dass das *Universum selbst damals so gleichmäßig war*. Heute beobachten wir aber sehr starke Ungleichmäßigkeiten im Aufbau des Universums, auf die

wir im nächsten Kapitel zu sprechen kommen werden.
Warum ist das so?

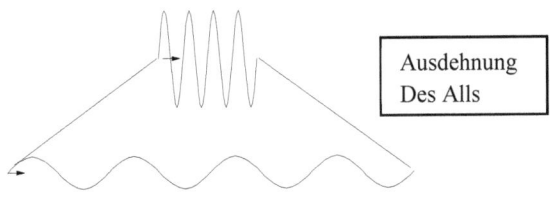

Ausdehnung
Des Alls

Versinnbildlichung der Dehnung der Wellenlänge des Lichts.
Es ist, als ob das Licht sich wie eine Spiralfeder verhält, und
durch die Ausdehnung des Weltraums gestreckt worden ist!

Die Rotverschiebung des Lichts von fernen Sternen.

Wenn durch einen Urknall alles auseinander fliegt, so
müssten sich weiter von uns entfernte Galaxien schneller
von uns wegbewegen als nahe Galaxien. Das kann man
sich durch das Aufblasen eines Luftballons verdeutlichen,
auf dem Punkte aufgemalt sind (siehe unten). Wie bei
einem Polizeiauto, wo der Ton beim Vorbeifahren, also
mit dem Wechsel von Annäherung in Entfernung, tiefer
wird, wird dann das Licht von Sternen immer längere
Wellenlängen haben, je weiter sie von uns weg sind, denn
je weiter weg, desto höhere Geschwindigkeit (für die
Messung nimmt man Licht einer genau bekannten
Wellenlänge). Es ist als ob die Lichtwellen auseinander
gezogen werden würden. Längere Wellenlängen
bedeuten, das Licht erscheint röter. Das wird als
Rotverschiebung bezeichnet und E. Hubble hat genau das
gemessen: Je weiter ein Stern entfernt ist, desto größer ist
seine Rotverschiebung. Diese Aussage stimmt, obwohl
die Wirklichkeit noch einiges komplexer ist: Man hat
gemessen, dass die Galaxien und auch ganze Haufen von
Galaxien zusätzlich noch besondere eigene

Geschwindigkeiten haben, mit denen sie sich relativ aufeinander zu oder weg bewegen. Diese werden pekuliare Geschwindigkeiten genannt.

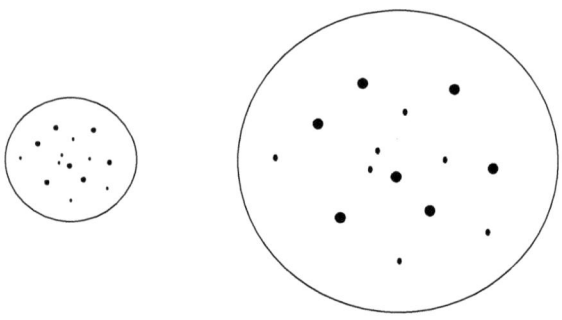

Verdeutlichung der schnelleren Entfernung von weiter entfernten Galaxien bei der Ausdehnung des Alls. War eine Galaxie anfangs eine Einheit entfernt, so ist sie später z.B. drei Einheiten entfernt. Eine Galaxie, die aber schon anfangs 3 Einheiten entfernt war, ist dann später 9 Einheiten entfernt. So zeigt das erste Beispiel eine Entfernungszunahme von 2 Einheiten, das zweite jedoch um 6 Einheiten.

Die Nukleosynthese.

Durch Teilchenphysik und Quantentheorie haben die Physiker immer besser verstanden, wie sich aus einem sehr heißen Anfangszustand mit Quarks, Elektronen und Licht Protonen und Neutronen bilden. Aus diesen wiederum entstehen die Atomkerne des Heliums (2 Protonen und 2 Neutronen). Wenn das bei der raschen Ausdehnung und Abkühlung nach dem Urknall abläuft, so bleibt für die Bildung von Heliumkernen sehr wenig Zeit, da sich die umherfliegenden Protonen und Neutronen immer seltener treffen. Ist dann eine bestimmte Temperatur unterschritten, können sich keine weiteren Heliumkerne mehr bilden. Mit dem Wissen um die Reaktionsvorgänge bei der Bildung von Helium aus Wasserstoff in den Sternen, haben F. Hoyle und seine Kollegen nun ausgerechnet, dass sich bei diesem Szenario 75% Wasserstoff (1 Proton als Kern) und fast 24% Helium bilden muss (plus etwas Lithium). *Genau das haben die Kosmologen als Häufigkeit dieser beiden Elemente im All gemessen.*

Die Befunde der Nukleosynthese grenzen auch die maximale Masse der Materie ein, die aus den uns vertrauten Elementen besteht, mit Protonen und Neutronen im Kern, und Elektronen als Hülle dieser Atome. Es sind nur ca. 4% der gesamten Masse, die im All vermutet wird. Falls es mehr wäre, wäre bei der Nukleosynthese mehr Helium entstanden als gemessen, und umgekehrt. Der Rest muss somit aus etwas Anderem bestehen.

So hat hier die Teilchenphysik den Kosmologen geholfen, die Abläufe nach dem Urknall besser zu verstehen. Wir merken hier an: Auch die Kosmologen konnten den Teilchenphysikern helfen, denn ihre Messungen legten es sehr nahe, dass es nur die drei Familien von Elementarteilchen der Seiten 57, 58 gibt. Die Teilchenphysiker konnten vorher die Existenz von noch mehr Familien nicht ausschließen (was sehr unbefriedigend war), sie konnten aber später durch Experimente in Teilchenbeschleunigern die Eingrenzung auf nur drei Familien einwandfrei bestätigen.

Wir halten hier fest: Nach dem Urknall entstand nur Wasserstoff und Helium. Es gab noch keine Sterne. Diese waren aber nötig, um die heute beobachteten höheren Elemente wie Eisen Gold usw. zu „erbrüten".

Die drei geschilderten Befunde haben die Physiker von der Realität des Urknalls restlos überzeugt. Ausgehend von einem Punkt und einem am Anfang fast unendlich heißen Zustand, hat sich durch Ausdehnung und Abkühlung Schritt für Schritt alles gebildet, was wir heute als „Normale Materie" vorfinden.

Wir kommen hier noch auf die modernen Spekulationen über *Multi-Universen* zu sprechen. Im engeren Sinn sind sie kein physikalischer Weg um unsere Welt besser zu verstehen, da die Gesetze der Physik nur innerhalb unseres Universums gelten. Für andere Universen könnten ganz andere Gesetze gelten. Diese zusätzlichen Universen wurden erdacht, um unsere offensichtlich sorgfältig austarierte Welt mit vielen vielleicht möglichen anderen unterschiedlichen Welten zu umgeben, die das Auftreten unseres Sonderfalls plausibler erscheinen lassen sollen. Mit Sonderfall ist folgendes gemeint: Unser Universum enthielt beim Start exakt so viel Masse und Energie, dass es genau am Grat zwischen ewiger Ausdehnung und einem wieder in sich Zusammenstürzen entlang balanciert (Stichwort: Flaches Universum). Wenn man unsere auf diese Art und Weise offensichtlich sorgfältig austarierte Welt mit fast unendlich vielen vielleicht möglichen anderen unterschiedlichen Welten umgibt, erscheint das Auftreten unseres Sonderfalls eventuell plausibler. Wir betonen hier: Unser Universum ist ja auch für Leben mit Geist geeignet.

Für diese anderen Universen wird eine Materiedichte angenommen, die kleiner oder größer ist als die unsere.

Anders ausgedrückt: Bei ihrem Urknall war etwas mehr oder etwas weniger Energie im Spiel als bei unserem. Sie wären deshalb bei ihrem eigenen Urknall mit unterschiedlich viel Masse und Energie ausgestattet worden, und sie hätten jeweils ihre eigene Zeit und ihren eigenen Raum. Mit der Relativitätstheorie ist das besser ausgedrückt: Ihre eigene Raumzeit. Deshalb wären diese vielen Universen untereinander ohne jegliche Verbindung oder Kontakt, und ihr Vorhandensein würde so wohl nie beweisbar sein. Die Schöpfung wäre damit vervielfältigt und ein einzelner Schöpfer eine Randerscheinung und nichts Besonderes mehr! Macht das Sinn?

Wir wollen versuchen, diese zusätzlichen Universen bezüglich ihres Schicksals mit physikalischen Argumenten zu bewerten. Um einen Schöpfer überflüssig zu machen, nehmen die Vertreter der Idee der Multi-Universen an, dass ein Universum durch Quantenfluktuationen (!) entstehen kann. Das sind sehr kurzzeitige Materialisationen von Teilchenpaaren aus dem Vakuum heraus. Sie bestehen aus Paaren von einem Teilchen plus seinem Antiteilchen, die sich normalerweise sofort wieder auslöschen und damit ihr virtuelles Vorhandensein beenden (virtuell heißt scheinbar, möglich). Sie sind auch nicht beobachtbar. Die Idee setzt somit ein Vakuum voraus, das auch ohne ein Universum schon überall da ist, und das einen unendlich großen Raum einnimmt. Das ist aber eine völlig unbewiesene Annahme! Niemand weiß, ob es ohne ein Universum auch ein Vakuum und einen Raum gibt.

Bei unserem eigenen Universum wissen wir, dass die Abläufe der energetischen Umwandlungen direkt nach dem Urknall unvorstellbar schnell und bei irrsinnig hohen Temperaturen vor sich gingen. Damit dabei unser stabiles Universum herauskommt, muss sein gesamter Energieinhalt *exakt* die Größe besessen haben, die zu einem sogenannten *flachen Universum* führt. (Es hat eine Energiedichte exakt gleich der sogenannten kritischen Dichte. Diese führt zu einer Ausdehnung, die aus Sicht der Physiker immer langsamer wird, aber nie zum Stillstand kommt).

Wäre die Energiedichte kleiner als die kritische Dichte gewesen, so hätte es sich beschleunigt ausgedehnt. Hätte es eine etwas höhere Energiedichte besessen als die kritische Dichte, so wäre es nach einer kurzen sich verlangsamenden Expansionsphase wieder in sich zusammengestürzt. Wichtig ist nun, dass Physiker zeigen konnten: Wäre die Energiedichte nur um einen winzigen Bruchteil höher gewesen als die, die zu einem flachen Universum führt, so wäre es wegen der unglaublich schnellen Abläufe des Anfangs schon nach sehr kurzer Zeit wieder in sich zusammengestürzt.

Wir gehen nun zu den *zusätzlichen Universen* selbst. Es ist nun festzuhalten, alle diejenigen, *die beim Start eine höhere Energiedichte besessen hätten als die kritische Dichte, wären sofort wieder verschwunden!* Wir können sie alle schon wegen ihrer Kurzlebigkeit vergessen!

Diejenigen Universen aber, die eine nur ein bisschen geringere Energiedichte besessen hätten als ein flaches, würden sich so schnell ausdehnen, dass *keine Strukturbildung eintreten kann*, die zu Sternen oder Galaxien führt! Ohne Sterne und Galaxien kann sich aber niemals Leben entwickeln, zumindest nicht in körperlicher Form.

Bei der Beurteilung der Idee der *Multi-Universen* ist die hier vertretene Meinung, *es ist kein physikalischer Weg!* Der Weg der Physik war ja immer einer, der im Prinzip nachprüfbar sein muss. Das ist hier nicht der Fall. Die Idee ist eine Totgeburt. Unterschiedliche Raumzeiten können sich nicht überlagern.

Aus unserer Sicht folgt noch ein wichtiges Argument. Es sind allesamt **geistlose Geburten.** So bemühen sie den Zufall um einen Schöpfer auszuschließen und überflüssig zu machen. Sie scheitern an ihrer Unvollständigkeit.

Selbstverständlich können auch wir die Frage nicht beantworten: Woher kam der Schöpfer?

Seine Schöpfung ist aber auf jeden Fall eine **mit** Geist.

Das unterscheidet sie von Quantenfluktuationen.

Wir kommen hier noch auf eine Vorstellung oder Modell zu sprechen, das einige der Verständnisprobleme über unser Universum *scheinbar* elegant löst. Es wurde ab 1980 von *Alan Guth* entwickelt und er nannte es **Inflation.** Das sollte eine überaus extreme Ausdehnungsphase unseres Universums ganz nahe an seinem Anfang in der Zeit von 10^{-36} bis $\sim 10^{-33}$ Sekunden nach dem Urknall gewesen sein. In dieser Phase sollte sich das Universum noch **weit** schneller ausgedehnt haben als die nur durch den Urknall selbst verursachte Bewegung. Durch eine unvorstellbar hohe Energie des Raums selbst sollte es sich mit einer Geschwindigkeit ausgedehnt haben, die die Lichtgeschwindigkeit um das ungefähr 10^{24}-fache übertraf! Das ist eine Milliarde mal einer Milliarde mal einer Million mal schneller als das Licht.

Dadurch sollte das Universum seine *Uniformität* (Isotropie), seine *flache Geometrie* und weitere Eigenschaften bekommen haben, die man heute sieht, oder auch vermisst. Passend zu einer inflationären Ausdehnung ist die beobachtete Gleichmäßigkeit der Kosmischen Hintergrundstrahlung und die flache Geometrie des Universums. Vermisst wurde von den Physikern bisher der Nachweis der sogenannten *Magnetischen Monopole*, und die Inflation hätte sie so „verdünnt", dass keiner mehr auffindbar ist. Auch das sogenannte *Horizontproblem* findet durch sie eine

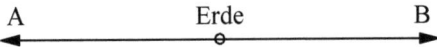

A	Erde	B

Das Horizontproblem: Die beobachtbare "Tiefe" des Universums entspricht heute 2 x 13 Milliarden Lichtjahren. Da es keine höhere Geschwindigkeit als die des Lichts gibt, können die Regionen A und B noch nie in kausalem Kontakt gewesen sein. Trotzdem hat die Kosmische Hintergrundstrahlung, die uns von A und B her erreicht, fast exakt dieselbe Temperatur. Dieser Befund ist schwer verständlich.

Erklärung.

Soweit so gut.

Dann jedoch ergaben sich viele Probleme, die mit den Anfangsbedingungen, der inflationären Phase der Ausdehnung selbst, und mit ihrem Ende zusammenhängen. Modifizierte Modelle der Inflation wurden entwickelt. Es gab jedoch auch immer mehr Stimmen, die die Inflation selbst in Frage stellten.

So kam beispielsweise der Mathematiker und Physiker *Roger Penrose* zu dem Schluss, *dass die Inflation viel mehr Probleme aufwirft, als sie löst!* Je nach ihren ja unbekannten Anfangsbedingungen hätte sie zu völlig unterschiedlichen Ergebnissen führen müssen! Sie verschlimmert so das Startproblem, statt es zu lösen.

Es ist hier leider nicht sehr sinnvoll, diese Ausführungen weiter zu vertiefen. Heute halten immer noch viele Physiker den Gedanken der Inflation für sinnvoll. Die Antworten der Gegner erhalten aber ein stärker werdendes Gewicht. Man muss deshalb auf eine experimentelle Verifizierung oder auf eine Widerlegung der Idee der Inflation warten.

Meine Meinung ist, die Inflation hat nicht stattgefunden. Sie wirkt auf mich wie ein Kunstgriff in der Art eines Axioms. Ihr Start wird relativ willkürlich an eine Zeit sehr kurz nach dem Urknall platziert, und ihre Startbedingungen und Ursachen sind nicht bekannt. Sie führt zu einer dramatischen Ausdehnung, wobei die Vergrößerung des Raums bis zu ihrem Ende unheimlich viel Spielraum zulässt. Das liegt an der geradezu irrwitzig hohen Ausdehnungsgeschwindigkeit. Sie führt bei geringfügigen Änderungen ihrer Dauer zu einer dramatisch unterschiedlichen Größe des Universums an ihrem Ende. Warum und wann sie aufhörte ist auch unklar. Das Modell der Inflation weist anfänglich eine extreme Abkühlung aus, und nach ihrem Ende eine starke

Wiederaufheizung des ganzen Universums. Dies zusammen mit den ihr innewohnenden unklaren Startbedingungen und der Größe des Universums, auf die es sich während der Inflationsdauer ausgedehnt haben soll, erschwert die Akzeptanz des Modells der Inflation doch sehr. Diese Größe an ihrem Ende soll mindestens die einer Pampelmuse gewesen sein oder sogar bis zu Milliarden mal Milliarden von Kilometern betragen haben.

So löst die Inflation vielleicht nur *scheinbar* viele der bisher nicht verstandenen Probleme. Bevor sie selbst nicht besser verstanden ist, und ein experimenteller Nachweis fehlt, sollte sie als Möglichkeit oder Hypothese behandelt werden.

Wir haben heute eine Welt der Physik, die bewundernswert viele Fragen zum Verständnis unserer Welt beantworten konnte. Diese Antworten sind jedoch immer noch von vielen ungelösten Fragen umgeben. Es wird noch lange spannend bleiben.

Noch nicht diskutiert haben wir die *Entstehung der Sterne und Galaxien*, die *großräumige Struktur des Universums* heute sowie das *Problem der „fehlenden Masse"*. Gerade bei diesen Themen gibt es noch bedeutende Lücken im Verständnis, auf die wir bei der Diskussion hinweisen werden.

Die Entstehung der Sterne und Galaxien.
Wieviel Masse gibt es insgesamt?

Falls sich der Leser hier eine einfache Erklärung erhofft, die es ihm leicht machen würde diese Entstehung zu verstehen, so wird er enttäuscht sein. Auch die Physiker selbst stehen vor dem Problem, das was sie im Universum sehen, nur sehr unvollständig zu verstehen.

Wenn die Gleichmäßigkeit der kosmischen Hintergrundstrahlung eine ursprünglich auf ein paar Hunderttausendstel gleichmäßige Verteilung der Materiemassen anzeigt, wie konnte es dann überhaupt zu Verdichtungen mit Stern- und Galaxienbildung kommen? Die neuesten Beobachtungen zeigen Vorgänge zur Galaxienbildung in sogenannten Quasaren schon 0.5 bis 0.7 Milliarden Jahre nach dem Urknall, der vor 13.7 Milliarden Jahren stattfand. Dass dies so früh möglich war, ist mit kleinen anfänglichen Dichteunterschieden, die sich durch die Schwerkraft zu Sternen oder Galaxien mit Sternen konzentrierten, überhaupt nicht erklärbar!

Zusätzlich fand man: Materie, wie wir sie kennen, machen nur 4% bis vielleicht 8% der im All insgesamt vorhandenen Masse aus! Bestünden alle beobachteten Massen aus Atomen wie Wasserstoff, Helium und eine Prise von weiteren Atomen des Periodensystems der Elemente, so hätte die weiter oben erwähnte Nukleosynthese ein anderes Ergebnis als beobachtet zur Folge gehabt! Es muss also ~25% der vorhandenen Masse aus *etwas Anderem* bestehen. Was dieses Andere genau ist, weiß man heute noch nicht. Man weiß nur, es ist vorhanden, weil seine Massenanziehung messbar ist. Aus dieser Anziehung kann die Menge dieser Materie abgeschätzt werden (kleiner als 30% des Ganzen). Sie wechselwirkt aber nicht mit Licht und ist somit unsichtbar. Deshalb hat man sie *Dunkle Materie* genannt.

Aber auch mit **Dunkler Materie** kommen wir nur auf ca. 30%. Was sind die restlichen 70%? Man fand, es kann keine Materie sein und nannte es *Dunkle Energie*. Wegen Einsteins Erkenntnissen ist Energie einer Masse proportional ($E = M \times C^2$). Die **Dunkle Energie** liefert also die fehlenden 70%, kann aber anziehend oder abstoßend wirken! Nennen wir vereinfacht normale Materie „*Atome*", so besteht unser Universum nach den Messungen des Planck-Weltraumteleskops zu 4.9% aus *Atomen*, zu 26.8% aus *Dunkler Materie* und zu 68.3% aus *Dunkler Energie*. So genaue Zahlen haben wir von den Dingen, aus denen unser Universum besteht, wobei wir bisher nur über die 4.9% Atome ein vertieftes Verständnis erarbeiten konnten!

Im Gegensatz zur Dunklen Materie gibt es für die Dunkle Energie bisher keine experimentellen Nachweise. Ihre Existenz wird aus theoretischen Gründen für wahrscheinlich gehalten und in Modellen mit dem Vakuum und der Größe des Universums in Verbindung gebracht. Man braucht sie, um insgesamt so viel Materie/Energie zu haben, um das Universum genau auf der Grenze zwischen ewiger Ausdehnung und einem späteren wieder Zusammenziehen zu halten. Bestimmt ist das für viele Leser „starker Tobak", aber auch vielen Physikern geht das so.

Wir müssen es bei diesem komplexen Bild belassen und können nur auf künftige klärende Erkenntnisse hoffen. Vielleicht können die etwas mehr Geist ins Spiel bringen! Was wir sicher wissen ist, die Sterne und Galaxien *sind* entstanden, und zwar sehr früh. Manche vermuten heute, die Dunkle Materie könnte sich früh lokal angehäuft haben, da sie nicht mit Licht wechselwirkt (Wegen der Gleichmäßigkeit der Hintergrundstrahlung hätte eine Wechselwirkung der Dunklen Materie mit dem damaligen Licht das Anhäufen verhindert).

Die großräumige Struktur des Universums

Bevor wir zur Bildung von Sternen und Galaxien kommen, sollen die als gesichert geltenden hochinteressanten neuesten Erkenntnisse über die großräumige Struktur des Universums dargestellt werden.

Es gibt Myriaden von Galaxien unterschiedlicher Größe und Form, die jeweils ca. 100 Milliarden Sterne enthalten. Die Galaxien formen dabei Haufen wie den ~ 1000 Galaxien enthaltenden Virgohaufen (im Sternbild der Jungfrau (= Virgo), stehend) zu dem auch unsere Milchstraße gehört. Von diesen vielen Galaxien können wir in der Nacht mit bloßem Auge nur eine Einzige sehen: Unsere Nachbargalaxie Andromeda ist als verwaschener Fleck gerade noch erkennbar. In ganz großem Maßstab streben die Galaxien und Galaxienhaufen wegen der Ausdehnung des Alls *auseinander*. Trotzdem haben sich diese Haufen und Superhaufen gebildet und es wurde gemessen, dass benachbarte Haufen mit hohen Geschwindigkeiten aufeinander *zurasen*! Diese Eigengeschwindigkeiten werden pekuliar genannt und sind sehr groß. So rast der Virgohaufen mit ~600 Kilometer pro Sekunde auf einen Superhaufen zu, der auch der Große Attraktor genannt wird. Es war nun wirklich eine Überraschung, dass die Größe dieser Geschwindigkeit *nicht* aus der Anziehung erklärbar war, die durch die Schwerkraft entsteht, auch wenn man die riesigen Mengen Dunkler Materie mit einbezieht, die in Haufen und Superhaufen gefunden wurde! Man braucht also etwas Zusätzliches. Dann wurde noch gefunden: *Im Großen sieht die Struktur des Alls aus wie Schaum, wobei sich die Galaxien auf den „Wänden der Schaumblasen" angehäuft haben.* Dort wo „Blasen" aneinander grenzen, gibt es besonders viele Galaxien und die Blasen sind in ihrem Inneren praktisch leer! Besonders viele Galaxien wurden dort gefunden, wo mehrere dieser Blasen aneinander grenzen und dort wurden auch Superhaufen festgestellt. Insgesamt haben sich die Galaxien in faden- bis blattartigen Strukturen zusammengefunden.

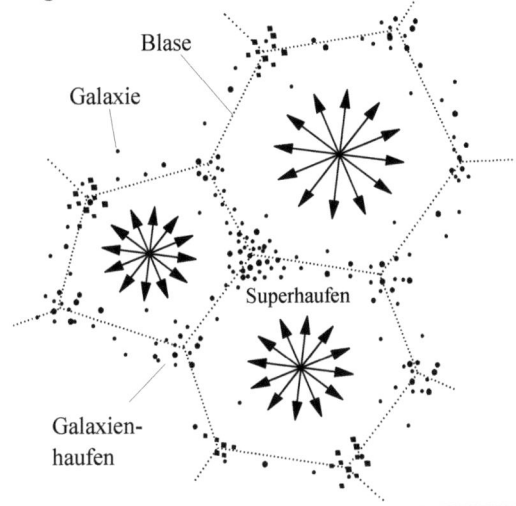

Schematische Darstellung der großräumigen Struktur des Alls. Der Durchmesser der „Blasen" ist typischerweise 400-500 Millionen Lichtjahre und es gibt viele von ihnen. Die Galaxien haben sich an den Blasenwänden angehäuft und ihre mittlere Position ist durch gestrichelte Linien angedeutet. Es ist, als ob eine noch nicht gut verstandene Kraft die Galaxien aus dem Inneren der Blasen nach außen geschoben hätte (Pfeile). Im Inneren sind die Blasen fast leer.

Die mehr als 1000 Galaxien im Zentrum des Coma Haufens (Haar der Berenike). Dieser Haufen rast zusammen mit dem Virgohaufen auf einen Superhaufen, den Großen Attraktor zu.

Wenn man mit Teleskopen in das All schaut, sieht man die Blasen nicht direkt, denn die Galaxien dahinter und davor füllen die Blasen scheinbar aus. Um sie zu erkennen, muss man entlang einer bestimmten Richtung die tatsächliche Entfernung der Galaxien bestimmen. Das wurde von mehreren Teams gemacht und das Ergebnis waren Lücken und Anhäufungen von Galaxien, die dem Inneren und den Wänden der Blasen zuzuordnen sind.

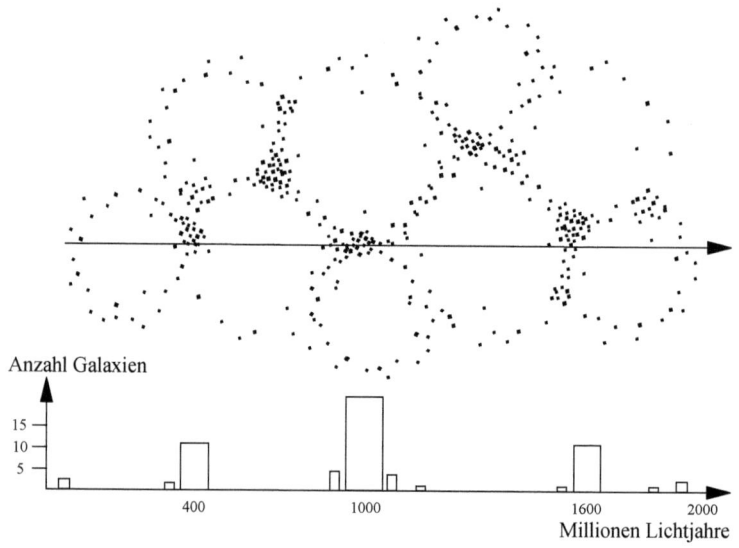

Durchmusterung des Alls entlang eines Richtstrahls (schematische Darstellung).
Die Häufung von Galaxien in bestimmten Entfernungen zeigt eine schaum- oder blasenartige Struktur des Alls an.

Was hat die Blasen erzeugt? Theoretiker bringen das mit der Dunklen Energie und einer abstoßenden Wirkung in Verbindung, die von ihr ausgehen soll. Was hat dann das Zentrum der Blasen festgelegt? Wir wissen es bisher nicht.

Wir wenden uns nun der Entstehung der ersten Sterne und Galaxien zu und skizzieren dann den weiteren Verlauf.

Da anfangs und direkt nach dem Urknall durch die Nukleosynthese keine höheren Elemente entstanden, diese aber heute vorhanden sind, stellt sich die Frage nach ihrer Entstehung. Glücklicherweise kommen wir hier zurück auf besser bis sehr gut verstandene Prozesse.

Die Entstehung der Sterne und Galaxien.
Sterngenerationen und höhere Elemente.

Simulationen mit Computern unter Zugrundelegung der obigen 4.9% Wasserstoff und Helium plus Dunkle Materie ergaben *riesige erste Sterne* schon ca. 100 Millionen Jahre nach dem Urknall und auch die Entstehung der ersten Galaxien mit diesen Sternen folgte bald darauf. Diese Sterne hatten wohl Massen, die dem 100- bis 300-fachen unserer Sonne entsprechen. So schwere Sterne werden sehr viel heißer als unsere Sonne und erbrüten durch Fusion von Atomkernen höhere Elemente wie Helium, Kohlenstoff, Sauerstoff, Silizium, Eisen viel schneller. Sie leben nur ca. eine Million Jahre (unsere Sonne scheint schon ~5 Milliarden Jahre!). Dann sterben sie durch eine Supernovaexplosion eines besonderen Typs, bei dem der Stern durch die gigantische Explosionsenergie auch noch höhere Elemente wie Gold, Uran usw. erzeugt. Alle erbrüteten Elemente plus die bei der Explosion erzeugten wurden in das All geschleudert und es blieb kein Sternrest zurück! Das waren die Sterne der ersten Generation und unsere besten Teleskope sind nahe daran, sie direkt nachweisen zu können. Das ist ein Blick extrem weit zurück in die Vergangenheit, als das Universum viel kleiner war. Das Licht dieser ersten Sterne erscheint deshalb extrem ins Rote verschoben. Das wird infrarotes Licht genannt und das „Spitzer Teleskop", das solches Licht empfangen kann, hat vielleicht schon den Nachschein dieser ersten Sterne empfangen. Ganz sicher sind die Physiker noch nicht, aber leistungsfähigere künftige Teleskope werden die ersten Sterne wohl zweifelsfrei nachweisen können.

Die *Sterne der zweiten Generation* bildeten sich wegen der neu hinzugekommenen Elemente aus Wolken von Wasserstoff- und Heliumgas plus merkliche Mengen höherer Elemente. Wegen eines Kühleffektes durch die höheren Elemente entstanden diese Sterne aus etwas kleineren Gaswolken. Sie hatten etwas geringere Massen und Temperaturen und lebten deshalb im Mittel einiges länger als die ersten Sterne.

Die *Sterne der dritten Generation* bildeten sich aus Gaswolken mit schon deutlich größeren Anteilen an höheren Elementen. Aus ihnen besteht unsere Sonne zu ca. 2% ihrer Masse. Die Planeten unseres Sonnensystems hätten sich ohne diese Anteile gar nicht erst bilden können. Als Beispiel besteht unsere Erde aus einem Kern aus Eisen und Nickel und weiter außen ist viel Silizium plus viele andere Elemente. So unglaublich stark konnten sich diese Elemente in den Planeten konzentrieren und es ist ja eine bekannte Tatsache, dass unsere Körper aus Atomen von „Sternenleichen" bestehen! Nur der Wasserstoff in uns entstand schon beim Urknall. Sein Anteil am Körpergewicht ist ungefähr 10%.

Entsprechend der Größe der zu ihrer Bildung vorhanden gewesenen Gaswolken haben die Sterne der 3. Generation sehr unterschiedliche Größen, Temperaturen und Lebensdauern. Insgesamt fanden die Kosmologen Sterne mit sehr unterschiedlichen Eigenschaften und bisweilen extrem wunderlichen Verhaltensweisen. Wir können das hier nicht angemessen diskutieren und verweisen wieder einmal auf das Internet (und Bücher

wie das von Harald Lesch und Jörn Müller: Sterne, wie
das Licht in die Welt kommt).

Schwarze Löcher und Gravitationswellen

Auch bei den Galaxien wurden ähnlich unterschiedliche
Formen, Größen und Verhaltensweisen entdeckt. So
besteht ihr Zentrum fast durchweg aus einem
sogenannten „*Schwarzen Loch*" das alles „frisst" was ihm
zu nahe kommt. Der Name wurde natürlich von einem
Mann erfunden! (John Wheeler).

Schwarze Löcher sind heute zweifelsfrei nachgewiesen.
Sie sind nicht direkt sichtbar, da sich in ihnen so viel
Masse derart konzentriert, dass die dort alles
überwältigende Schwerkraft sogar Licht am Verlassen
des Lochs hindert. Wegen den riesigen konzentrierten
Massen sind wir hier auf dem Gebiet, für das die
Einstein´sche Relativitätstheorie (ERT) zuständig ist. Sie
sagt aus: Den Kollaps dieser Massen kann nichts mehr
aufhalten und *sie schrumpfen letztlich zu einem Punkt!* So
etwas hatten wir doch schon einmal, nur umgekehrt,
nämlich beim Urknall! Dort bildete sich ja alles *aus
einem Punkt heraus.*

Wir müssen hier ein paar weitere Bemerkungen machen,
denn bei Schwarzen Löchern schleichen sich leicht
Missverständnisse ein, selbst bei Physikern. Die ERT
sagt nämlich, dass sich beim Kollaps die Zeit extrem
verlangsamt und sogar zum Stillstand kommt! (Von uns
und von außen aus gesehen). Für uns würde das Loch
also nie „fertig", es sei denn, unser Weg führt letztlich
auch da hinein. Wäre man jedoch *im Loch*, so wäre man
blitzartig in dem Punkt verschwunden. Die Abläufe
Außerhalb des Lochs würden jedoch so extrem
beschleunigt erscheinen, *dass das Ende des ganzen
Universums sofort erreicht werden würde,* und zwar egal

wie lange es für Außenstehende noch existent sein sollte! (So sähe es vom Loch aus gesehen aus). Falls das Universum je wieder zusammenstürzen sollte, wären wir somit allesamt in einem Schwarzen Loch verschwunden, in einem Punkt. Alles wäre auf Anfang zurückgesetzt. (Die Paradoxie, die in dieser Schilderung steckt, ist auch ein wichtiger Punkt!).

Wegen der Verlangsamung der Zeit haben russische Physiker den Namen „Gefrorener Stern" gewählt (Zeldovich Y. B.), der im Westen zum einprägsamen Schwarzen Loch wurde.

Nicht nur im Zentrum von Galaxien existieren Schwarze Löcher. Auch Sterne fallen nach der Beendigung ihrer Kernfusionsprozesse zu einem zusammen, falls sie nur genügend Ausgangsmasse besitzen.

Die Bildung von Schwarzen Löchern gilt in der Physik als unumkehrbar, und trotzdem hat der Urknall stattgefunden! Die Schöpfung lässt sich somit auch von der Physik nicht so einfach „einfangen".

Auf Grund aktueller Ereignisse fügen wir hier noch ein paar Bemerkungen über *Gravitationswellen* ein, die schon von A. Einstein postuliert wurden. Er fand ja heraus, dass große Massen den Raum verformen. Kreisen nun zwei große Massen umeinander, so sollten diese Raumverformungen sich wellenförmig von diesen Massen weg ausbreiten und dabei auch Energie wegtragen. Dieser Energieverlust sollte dann dazu führen, dass die sich umkreisenden Massen sich einander immer mehr annähern, sich immer schneller umkreisen, bis sie schließlich zusammenfallen (der Leser kann sich hier das Bild der Pirouette eines Eistänzers vorstellen, der durch sein Einziehen der Arme immer schneller rotiert). Das sollte sich dann als ein extrem starker Ausbruch von Gravitationswellen manifestieren, der irgendwann vielleicht nachweisbar sein könnte (Einstein selbst hielt einen Nachweis für sehr unwahrscheinlich).

Es ist sicherlich einer der faszinierendsten Befunde der Physik, dass diese Gravitationswellen erst vor kurzem tatsächlich nachgewiesen wurden. Diese Verformungen des Raumes breiten sich wellenförmig mit Lichtgeschwindigkeit aus. Sie sind eine weitere Bestätigung von Einsteins Vorhersage, dass nichts sich schneller als Licht ausbreitet. Die Ursache für die nun nachgewiesenen Wellen war das Verschmelzen zweier Schwarzer Löcher, die sich in einem irrwitzig schnellen Tanz umkreisten, und sich dabei immer näher kamen. Sie hatten Massen, die 29 und 36 Sonnenmassen entsprechen. Das ergibt addiert 65 Sonnenmassen. Das aus der Verschmelzung resultierende Schwarze Loch hat aber nur 62 Sonnenmassen und ist heute ca. ~1.3 Milliarden Lichtjahre entfernt (Deshalb ist die Verschmelzung in Wirklichkeit schon vor ~1.3 Milliarden Jahren passiert!). Die Massendifferenz von 3 Sonnenmassen wurde nun in nur ca. einer fünftel Sekunde in Form von Gravitationswellen als Energie abgestrahlt! Das ist kurzfristig eine Strahlungsleistung, die höher ist als die Strahlungsleistung, *die von allen Sternen im Universum in dieser Zeitspanne abgestrahlt wurde!* Die Wellen wurden mit einem Instrument nachgewiesen, das Laser Interferometer Gravitational Wave Observatory heißt (LIGO). Das Instrument kann solche Raumverformungen mittels Interferenz von Laserstrahlen messen, die sich durch Spiegelung überlagern. Ändert sich nun kurzfristig der Abstand der Spiegel durch eine Raumverformung, die bei uns als Welle vorbeirauscht, so kann ein messbares Signal entstehen, falls die beteiligten Massen der Schwarzen Löcher nur groß genug waren. Das war hier ja der Fall und so gelang der Nachweis dieser Gravitationswellen. Trotz des wahrhaft gigantischen

Energieausbruchs bei der Verschmelzung der beiden
Schwarzen Löcher, war das bei uns gemessene Signal
jedoch unglaublich schwach. Das liegt an der
unvorstellbar großen Entfernung, in der die
Verschmelzung stattfand. Deshalb hat sich die Energie
des Ausbruchs auf dem Weg zu uns ganz extrem
verdünnt. Davon ist bei uns lokal wiederum nur ein fast
unvorstellbar kleiner Teil angekommen! Trotzdem wurde
diese winzige Energie nachgewiesen, und der Raum hat
sich bei uns auch nur um ~10^{-13} Zentimeter verformt, was
dem Durchmesser eines Protons gleichkommt.

Die Physiker und Kosmologen hat dieser Nachweis
jedenfalls in helle Aufregung versetzt, denn es war ihnen
sofort klar, dass es nicht nur eine weitere wichtige
Bestätigung der Relativitätstheorie Einsteins war. Auch
Schwarze Löcher erfuhren dadurch eine endgültige
Bestätigung, und sogar Paare von ihnen sind damit
nachgewiesen. Ein ganz neues Fenster zur Beobachtung
von Vorgängen in unserem Universum hat sich eröffnet.
(Inzwischen gelang der Nachweis von mehreren weiteren
Ereignissen). Solche Gravitationswellen müssten nämlich
auch beim Urknall selbst erzeugt worden sein, und ihr
Nachweis wäre eine noch größere Sensation! Aber auch
bei diesen ursprünglich wohl noch viel gewaltigeren
Wellen stehen wir vor einem extremen
Nachweisproblem. Durch die Raumausdehnung seit dem
Urknall sind sie noch viel stärker „verdünnt" worden. Sie
sind noch viel langwelliger geworden als die, die von den
beiden Schwarzen Löchern erzeugt wurden. Ob sie mit
Interferometern mit noch viel größeren Spiegelabständen
im All mit Satelliten nachweisbar sein werden, muss
offen bleiben. Langwelliger heißt ja, die
Raumverformungen haben heute eine sehr große
Ausdehnung, und das erfordert dann auch riesige
Abstände der Spiegel.

Einige ungelöste Punkte

Wir nähern uns hier dem Ende der zur Physik gehörenden Grundlagen, nicht ohne einige ungelöste Punkte nochmals anzusprechen.

Da sie auf Grund ihrer Schwerkraftwirkung als nachgewiesen gilt, müsste *Dunkle Materie* auch hier bei uns, und besonders in Sternen und Schwarzen Löchern, anwesend sein. Hoffentlich kann hier die Zukunft mehr Licht hineinbringen.

Die *Dunkle Energie* soll den Hauptanteil der Energie-Masse Bilanz unserer Welt stellen. Deshalb folgt hier eine Aussage, warum man um beide dieser dunklen Besonderheiten wohl nicht herumkommt, und zwar *exakt* in der auf Seite 75 angegeben Prozentzahl der gesamten Masse. (4.9% *Atome*, 26.8% *Dunkle Materie* und 68.3% *Dunkle Energie).*

Wegen den unvorstellbar schnellen Vorgängen direkt nach dem Urknall, wäre unser Universum beim anfänglichen Fehlen von winzigsten Mengen Materie so schnell explodiert, dass sich gar keine Sterne und Galaxien hätten bilden können! Auch die Nukleosythese hätte nicht stattgefunden. Die nachgewiesenen 25% Helium im All wären erst gar nicht gebildet worden.

Wäre jedoch nur etwas mehr Materie im Spiel gewesen, so wäre das Universum schon vor dem Ende eines Wimpernschlags wieder zu einem Punkt zusammengeschnurrt. In beiden Fällen hätte es uns also nicht gegeben. Das ist jedenfalls die Aussage der Physik(er). *Das Universum muss also* **exakt** *so viel Masse enthalten, dass es auf dem Grat zwischen ewiger Ausdehnung und einem wieder in sich Zusammenstürzen entlang balanciert.* Ist es nicht ein starker Hinweis auf die Tätigkeit eines Schöpfers, wenn wir diese Balance so unglaublich genau eingehalten vorfinden?

Auf dem Gebiet der *Physikalischen Theorien* wird es als Missstand empfunden, dass es bisher nicht gelungen ist, die Theorie für das Große mit der Theorie für das Kleine zu verbinden oder zu vereinheitlichen. So beschreiben die Relativitätstheorie und die Quantentheorie quasi inselartig die Vorgänge im Großen und die im Kleinen zutreffend. Eine Theorie für beides gleichermaßen wäre für die Physiker viel befriedigender. Eine solche Theorie der Quantengravitation konnte jedoch trotz immenser Anstrengungen bisher nicht entwickelt werden.

Wir weisen aus unserer Sicht der Polarität und ihren Gesetzen noch darauf hin, dass eigentlich auch **Geist** in so eine Theorie mit einbezogen werden müsste. Davon sind wir nun aber Lichtjahre weit entfernt.

Wir schließen das Thema Grundlagen mit einer der schönsten Erkenntnisse der Physik: Dem Satz von der *Erhaltung der Energie*. Energie und damit auch Masse bleibt in unserer Welt konstant. Alles was passieren kann ist die Umwandlung in andere Formen der Energie oder Masse. So kann z. B. aus Bewegungsenergie durch Reibung Wärmeenergie entstehen, die Gesamtenergie bleibt aber unverändert. Gibt es Grenzen für diesen Erhaltungssatz? Ja, denn die Aussage gilt nur für Dinge *in* unserer Welt, das heißt für Dinge, die existieren. Dort wo unsere Welt endet, oder wo sie anfing, ist ein Erhaltungssatz ohne Aussage. Das sind die Punkte der Entstehung der Welt im Urknall und des Endes der Welt in einem gigantischen Schwarzen Loch. In beiden Fällen endet jede Existenz.

Wir stellen hier die Frage: Hat der Erhaltungssatz noch eine viel universellere Natur, die über die Themen der Physik hinausgeht? Gemeint ist hier natürlich, ob er auch für Geist und Leben gilt. Das ist ja die polare Ergänzung der Physik, die unsere Welt insgesamt vollständig macht.

Gerade wegen der Polarität und ihren Gesetzen bin ich der Meinung, es ist tatsächlich so. Geist und Leben bleiben insgesamt erhalten, sind unzerstörbar und können nur in andere Lebensformen umgewandelt werden. Wir sind dann wieder im Mittelpunkt der Welt.

Die Physik hat uns ja Schritt für Schritt aus diesem Mittelpunkt vertrieben und uns zu einer unbedeutenden Randerscheinung im Kosmos degradiert. Sind wir beides gleichzeitig, Randerscheinung und Mittelpunkt?

Falls die Antwort auf die letzte Frage „ja" sein sollte, entstünde daraus ein bedeutsames *Paradoxon*. Gleichzeitig Mittelpunkt und Rand sein klingt jedenfalls sehr widersprüchlich. Wir werden sehen: Eine vollständige Welt mit innerem polaren Aufbau *muss* Paradoxien enthalten, denn die jeweils sich gegenüberliegenden äußersten Enden der Polaritäten müssen sich zwangsläufig widersprechen (für an Astrologie interessierte Leser ist ein Vergleich mit Oppositionskonstellationen sicher auch von Interesse). So sind Paradoxien das „sowohl als auch" unserer Welt. Durch den inneren Widerspruch signalisieren sie auch: Unsere Welt ist wirklich vollständig. Das ist der tiefere Grund für ein ganz natürliches Auftreten von Paradoxien als Würze der Extreme unserer Welt. Wenn der Blick in unsere Welt nur tief genug reicht, werden sie automatisch sichtbar werden. Deshalb werden sie uns im zweiten Teil des Buches auch häufig begegnen.

Schon die Darstellung der „Grundlagen" hat einige wichtige Paradoxien angesprochen. Sie gehören somit natürlicherweise zu einer erschaffenen Welt, und so zur Physik genauso wie zur geistigen Welt. Ihr Auftreten sollte deshalb nicht abschrecken, sondern neugierig machen auf die tieferen Zusammenhänge in unserer lebendigen Welt.

Teil 2

Weiterführendes, Schlussfolgerungen und Konsequenzen

Es wird dem Leser nicht entgangen sein, dass schon bei der Darstellung der Grundlagen gleich am Anfang, und an vielen weiteren Stellen, erste weiterführende Schlussfolgerungen und Konsequenzen gezogen wurden. Das wurde getan, um das Interesse am Thema zu erhöhen und die Aussagekraft des *Grundkonzepts* möglichst lebendig darzustellen:

Unsere Welt ist vollständig und sie ist in sich polar strukturiert.

Defizite im Verständnis

Bisher führte der Weg der Erkenntnis auf geistigem wie auf physikalischem Gebiet nie zu einem Ende. Wenn es auch z. B. in der Physik schon mehrmals Phasen gab, wo man *meinte*, die Welt jetzt verstanden zu haben, so haben sich dann doch immer neue Fragen gestellt. Deren Beantwortung führte zu neuen Theorien, die die alten Theorien ergänzten, ablösten, und teilweise auch auf den Kopf stellten. Auf philosophisch-religiösem Gebiet passierte Ähnliches. Sich gegenseitig bekämpfende Religionen und sich widersprechende oder ergänzende Philosophien bezeugen auch auf geistigem Gebiet eine Unvollständigkeit unseres Standes der Erkenntnis und darüber hinaus Uneinigkeit.

So scheint unsere Welt insgesamt eine derart extreme Tiefe zu haben, dass der Weg der Erkenntnis für uns Menschen ein besonders langer Weg sein muss.

Wir dürfen die bisher erreichten Erkenntnisse zwar als bewundernswert und hoch einstufen. Doch noch vorhandene Defizite relativieren dies.

Schon bei der Darstellung der Grundlagen wurde an verschiedenen Stellen auf noch vorhandene Defizite im Verständnis hingewiesen. Diese betrafen sowohl das Geistige wie auch die Physik. Sie sollen hier noch einmal zusammengefasst werden, um die Länge des Weges anzudeuten, der für die Menschheit noch zu gehen ist, falls sie Vollständigkeit im Verständnis unserer Welt weiterhin anstreben will.

Diese Zusammenfassung erhebt keinen Anspruch auf Vollständigkeit. Sie soll jedoch ungefähr aufzeigen wo wir stehen, und eine Ahnung darüber vermitteln, wie groß die Felder sein mögen, die es noch zu erschließen gilt. Wir beginnen mit Defiziten bei Religionen und Philosophien, um dann die Unvollständigkeiten im Verständnis der physikalischen Welt zu umreißen.

Defizite bei Religionen und Philosophien

Bei Religionen ist die weltliche Ausprägung als Kirche und Machtgebäude fast durchweg das Hauptproblem. Gott wurde instrumentalisiert und dazu eingesetzt, die eigenen Interessen zu vertreten. Er sollte Feinde bekämpfen und nur seinem Volk Wohlergehen garantieren. Hier sind Egoismen am Werk gewesen, die durch eine Überbetonung der männlichen Seite noch verschärft wurden. Der Anspruch, nur die eigene Religion vertritt die Wahrheit, führte automatisch zur Ablehnung jeweils anderer Religionen. Bis heute sind diese Anderen häufig „Ungläubige", die es zu bekämpfen gilt. Bezeichnenderweise war diese Ablehnung am intensivsten bei gespaltenen Religionen wie evangelisch/katholisch im Christentum und heute bei Schiiten/Sunniten im Islam. Hier kommt zum Alleinvertretungsanspruch der Anspruch der Deutungshoheit für die Aussagen der eigenen Religion verschärfend hinzu. Kaum ein Beteiligter merkt dabei, dass er eine Hälfte von sich selbst bekämpft!

Einem Gott, der ursprünglich für die ganze Welt als Schöpfer zuständig war, wurde durch die Erfindung des Teufels ein Teil seiner Verantwortung „abgezwackt". Der Teufel ist dann für das Böse zuständig und Gott für das Gute. Das pervertiert jedoch den Grundgedanken von *der ganzen Welt als Gottes Schöpfung*. Er muss für das Ganze zuständig bleiben und kann deshalb nicht in die Polarität gezogen werden, ohne dass dies schlimme Konsequenzen nach sich zieht. Wir verweisen hier auf die Diskussion der Seiten 12 bis 19, auf denen die Folge solcher Verdrängungen und Ablehnungen auch schon dargestellt wurde. Die Lehre, *Böses* sei Sünde und *vermeidbar*, entlarvt sich als Illusion. Wird das Böse abgelehnt und verdrängt, so ist es trotzdem noch da und seine Energien manifestieren sich z. B. als Kriege, Terror oder Missbrauch.

Außer solchen Folgen, führte die als vermeidbar dargestellte Sünde auch zur Gängelung der Gläubigen und sie wurden so „bei der Stange gehalten", bis hin zum Blick in ihr Schlafzimmer.

Hier stellt sich eine wichtige Frage: Welche Religion oder Philosophie hat das Potential, mit ihren Aussagen für die ganze Welt zuständig sein zu können **ohne** unvermeidbar zu Kampf und Krieg zu führen?

Der Exkurs auf der nächsten Seite gibt einen Überblick über Philosophien des Altertums und der Neuzeit.

Exkurs 4: *Philosophien* stichwortartig charakterisiert

Skeptizismus: Bezweifelt Erkenntnis absoluter Wahrheit als möglich.
Subjektiver Relativismus: Gibt es universell gültige Aussagen überh.?
Synkretismus: Vermischung mehrerer Religionen ohne Zentrum.
Epikur: Glück als Lebensziel durch kontrollierte Freude und Lust.
Stoa: Ethik im Mittelpunkt; Neigungen/Affekte behindern Einsicht.
Pythagoras: Nachvollzug göttlicher Ordnung in den Zahlen.
Neupyth.: Plotin. Aus dem „Einen" geht das Existierende hervor.
Positivismus: Menschliche Erkenntnis ist auf Erlebbares beschränkt.
Scholastik: Versucht Theologie und Philosophie zu vereinen.
Platon: Stufen der Erkenntnis sind Meinungen, Ideen, das Gute.
Neuplaton.: ergänzt Platon mit Elementen der Stoa u. Aristoteles.
Aristoteles: Axiome und formale Logik erklären Erscheinungen.

Hermetische Philosophie: Die Welt ist dominant geistig und lebt.
                    (Vergleiche auch Seite 19-26 u. 196, 197).
Idealismus: Primat des Bewusstseins und Geistes über die Materie.
Materialismus: Geist, Leben, Bewusstsein ist Ausfluss der Materie.
Rationalismus: Die Welt ist logisch/gesetzmäßig aufgebaut.
Empirismus: Wissen hängt von begriffsfreier Erfahrung ab.
Existenzphil.: Existenzielle Angst, Ekel usw. sind Antrieb für Erk..
Phänomenologie: Lehre von den Erscheinungen.
Hermeneutik: Verstehen von Sinnzusammenhängen (Texte, Kunst..).
Analytische Philosophie: Philosophische Analyse ist Sprachanalyse
als erkenntnistheoretische Position.
Krit. Rationalismus (Popper): Gesetze sind v. Beobachtungen abh..
Strukturalismus: Führt wiss. Methodik in Geisteswissenschaften ein.

Kommunismus: Vorstellg. der Herren- u. Klassenlosen Gesellschaft.
Nationalsozialismus: Rassistisch motivierte Überlegenheitsphilos..

Buddhas Lehre: über Karma, Wiedergeburt u. Nirwana (S. 9-10).
Konfuzius: Durch Tugenden in Familie und Staat eingebettet sein.
Laotse: Tao, das Absolute bringt die Welt hervor und ist der Weg.

Wir sehen, das Spektrum ist sehr komplex, und Philosophien können deshalb hier nur übersichtsartig mit ihren Kernideen aufgeführt werden.

Überfliegt man die Liste, so findet man auch sich polar ergänzende Paare von Philosophien wie Idealismus und Materialismus. Im Sinn unserer Frage ist es deshalb unwahrscheinlich, dass ein Partner dieses Paares allein das Potential haben könnte, die Welt vollständig zu erfassen, denn der Partner wird dazu wohl auch noch benötigt.

Dann findet man eine Anzahl von Philosophien, denen das geforderte Potential schon wegen der in ihnen selbst sichtbar werdenden Unvollständigkeit nicht zuzutrauen ist. Zu diesen zählen wir Skeptizismus, Subjektiver Relativismus, Epikureismus, Positivismus und Nationalsozialismus. Letzterer kann unsere Forderung auch deshalb nicht erfüllen, weil er sich nur über Krieg und Unterdrückung verwirklichen lässt. Der Kommunismus fällt für uns weg, weil er sein selbstgestecktes Ziel noch nirgends auch nur annähernd erreichen konnte.

Damit ist die Liste kleiner geworden. Es bleiben aber noch viele Philosophien übrig, denen das geforderte Potential nicht so leicht abzusprechen ist. Jedoch gehört wohl auch der Synkretismus nicht dazu, denn wenn die einzelnen Religionen in ihrer weltlichen Ausprägung schon viele Kriege erzeugt haben, wie soll das mit mehreren vermischten Religionen gelingen, die auch noch kein gemeinsames Zentrum haben?

Bei den großen Kopfleistungen der Alten Griechen liegt wohl das höchste Potential bei Pythagoras, Platon und Aristoteles. Auch die asiatischen Lehren von Buddha, Konfuzius und Laotse sind gute Kandidaten, unsere Forderung erfüllen zu können, für die ganze Welt zuständig zu sein, ohne unvermeidbar zu Kampf und

Krieg zu führen. Wir haben bei den Philosophien somit ein respektables Ergebnis, das meiner Ansicht nach durch die Hermetische Philosophie gekrönt wird. (Vergleiche auch Seite 20 bis 24). In ihr und der durch sie bergründeten Esoterik, sehe ich das allerhöchste Potential, die Welt besser verstehen zu können, ohne automatisch zu Streit und zu Kriegen zu führen. Bezeichnend ist auch, ihr Weg ist ein individueller und ohne weltlichen Machtanspruch. Man muss sich selbst ändern, um die Welt zu verändern. Diese ist schon vollkommen, nur unsere Sicht von ihr ist es (noch) nicht. Ihr Weg ist deshalb mühsam zu beschreiten, denn er entlarvt Weltverbesserung als Illusion und Weltveränderung nur im Außen als problematisch. Einzig individuelles Wachstum hat das Potential und ist eine Chance, die Vollständigkeit und Vollkommenheit der Welt Schritt für Schritt zuzulassen, um diese damit immer besser zu erkennen.

Das können Religionen leider nur im Prinzip leisten, und auch nur dann, wenn sie als individueller Weg ohne Machtanspruch gelebt werden. Die Geschichte hat gezeigt, dass die weltlichen Ausprägungen der Religionen als Kirchen bisher keinen Weg ohne Streit, Krieg und Intoleranz aufzeigen konnten, und wir halten dieses als Defizit hier ausdrücklich fest.

Menschliche Defizite

Religionen und Philosophien können auch als ein äußerer Rahmen und Hilfestellung für uns Menschen betrachtet werden. Betrachtet man einen einzelnen Menschen, ein *Individuum*, so hat fast jeder von uns weitere Hilfen durch seine Familie, durch seine Umgebung und durch die Gesellschaft erfahren.

Wir fragen nun, hat das insgesamt zu einem befriedigenden Verständnis von uns selbst als Geisteswesen geführt? Verstehen wir, was Leben ist, wirklich?

Wenn wir hier ehrliche Antworten geben wollen, so ist festzustellen, wir wissen sehr wenig über die Vorgänge, die in uns ablaufen um uns zu steuern und am Leben zu erhalten. Diese Vorgänge sind nicht in dem uns geläufigen Ober- oder Tagesbewusstsein angesiedelt. Da es steuernde und regelnde Geistesformen sind, müssen sie auch Formen von Bewusstsein sein. Fasst man alle Bewusstseinsformen zusammen, so hat der Mensch das von alters her als seine Seele bezeichnet. Wir gehen hier davon aus, dass alle Organe ein eigenes Bewusstsein besitzen. So bearbeitet beispielsweise eine Leber mit dem Bewusstsein eine Leber zu sein, ihre komplexen Funktionen, und wird dabei von der obersten Instanz des Menschen, von seiner Seele, geführt und koordiniert. Auf diese Weise dient sie dem Gesamtkonzept Mensch. Gehen manche Zellen von ihr egoistisch eigene Wege und dienen dann nicht mehr dem Menschen, so werden sie eventuell zu Krebszellen. Die Seele weiß um die Gefahr, die sie darstellen, und sorgt dafür, dass sie eliminiert werden. Gelingt das nicht, so werden wir ernsthaft krank. Wir versuchen dann meist, diese Zellen mit anderen Methoden zu beseitigen.

Falls wir eine Lebensaufgabe für uns als Individuum akzeptieren, so kann sie darin bestehen, dem Gesamtkonzept Erde zu dienen. Lehnen wir das ab, und gehen z. B. in übertriebener Weise und rücksichtslos egoistischen Zielen nach, so werden wir zu „Krebsmenschen". Das Analogiegesetz in der Hermetischen Philosophie lautet nun „Wie oben so unten" und wir dürfen uns nicht wundern, wenn wir dann eventuell von dem höher stehenden Lebewesen Erde eliminiert werden.

Wir können hier erahnen, wie komplex die Vorgänge in uns und um uns sind, die wir ja nicht, oder nur unvollkommen, mit unserem Oberbewusstsein wahrnehmen können.

Auch das Leben von Tieren und Pflanzen ist für uns ein Mysterium. Das Wissen über die sie steuernde *innere* Wesenheit ist dürftig! Nicht ohne Grund hat sich die Biologie als eine sich nach *äußeren* Merkmalen katalogisierende „Wissenschaft" entwickelt, und die Medizin gebraucht eine fast nicht mehr überschaubare Zahl von diagnostischen Hilfsmitteln und Geräten, um krankhafte Veränderungen zu erkennen. Spezialistentum und Anonymität waren die Folge in der Schulmedizin. Es gibt daneben aber auch eine Vielzahl von Heilmethoden, die versuchen, den Menschen möglichst vollständig zu sehen und zu heilen.

In diesem Zoo von Möglichkeiten tun wir uns als Individuen meist schwer, gute Wege zur Gesunderhaltung zu finden. So gibt der Mensch seine Selbstverantwortung oft vorschnell beim Arzt ab, weil er als Individuum zu wenig über sich selbst weiß.

Das ist vielleicht das wichtigste Defizit, das für einzelne Menschen festzuhalten ist: Wir wissen zu wenig über uns selbst und Selbsterkenntnis tut Not.

Defizite der Physik

Schon bei der Darstellung der Grundlagen kamen wir auf Gebiete, die die Physik nur unvollständig oder gar nicht bearbeiten kann, und zwar als Folge ihrer eigenen Vorgehensweise. Diese soll hier noch einmal zusammengefasst werden. Auf der Basis der Mathematik und dem Konzept von Zeit, Raum und Kraft soll mit der Physik das Wesen der Welt erkannt und erfasst werden durch:

- Objektive Vorgehensweise.
- Aussagen nur über Messbares machen.
- Die Forderung der Wiederholbarkeit ist zu erfüllen.
- Eine Theorie, der eine Messung widerspricht, gilt als widerlegt und muss angepasst oder ganz neu aufgebaut werden.

Da nun messbar sein eine Masse, Kraft oder eine andere Art der Wechselwirkung benötigt, betreffen physikalische Aussagen vorzugsweise die Welt der Materie und der Strahlung, wie z. B. Licht.
Über schwer oder gar nicht Messbares können deshalb nur unzureichende oder gar keine Aussagen gemacht werden. So ist die Nichterfassung von geistigen Dingen eine natürliche Folge der Vorgehensweise der Physik.
Deshalb steckt die Physik in dem Dilemma, trotz ihrer tiefreichenden und großartigen Erkenntnisse in der Welt des Großen und des Kleinen, das Geistige sozusagen außen vor lassen zu müssen.
Bei Lebewesen leuchtet den meisten Menschen ja unmittelbar ein: Sie sind von geistigen Wesenheiten wie dem Bewusstsein geführt, dominiert und bestimmt. Ohne Geist und Leben ist deshalb das Wesen unserer Welt wahrscheinlich nicht, oder nur sehr unvollkommen,

erfassbar. Das ist nach meiner Ansicht das wichtigste Defizit der Physik, und leider kann ich auch keine Wege aufzeigen, die dieses Defizit innerhalb der Physik beheben könnten. Solange das so ist, benötigen wir andere Ergänzungen für die Physik, die für Geist und Leben einen angemessenen Platz zulassen.

Darüber hinaus gibt es weitere Defizite, weil es die Physik zumindest bisher nicht geschafft hat, ein vollständiges und einheitliches Bild über ihre messbare Welt zu erstellen.

Auf dem Gebiet der *Physikalischen Theorien* ist hier die Relativitätstheorie als zuständig für die Beschreibung der Welt im Großen, bei großen Massen und bei hohen Geschwindigkeiten, angesprochen. Für die Welt im Kleinen und der Teilchen ist es die Quantenphysik, die diesen Bereich zutreffend erfasst.

Es ist der Physik jedoch trotz größter Anstrengungen bisher nicht gelungen, diese beiden Theorien zu einer einzigen „Quantenrelativitätstheorie" zusammenzufügen. So erfassen sie ihre jeweiligen Gebiete richtig, aber nur inselartig, und das ist auch für Physiker sehr unbefriedigend.

Darüber hinaus sagen Physiker wie Stephen Hawking, die sich mit diesem Problem intensiv herumschlagen, dass man mit einer solchen *Vereinheitlichten Theorie* in der Praxis wenig anfangen könnte (Stichwort: Weltformel). Man bräuchte hierzu Informationen über alle beteiligten Teilchen und Strahlungen, und die so entstehende Komplexität übersteigt die Möglichkeiten zum Berechnen von Lösungen bei Weitem, auch wenn man künftige Computer zur Verfügung hätte.

Es ist nun aber den Physikern in der Vergangenheit schon gelungen, vereinheitlichte Theorien für bestimmte Gebiete zu erstellen. Wir nehmen hier als Beispiel die *Elektrizität* und den *Magnetismus*, die von Faraday,

Maxwell und anderen Physikern zu dem *Elektromagnetismus* vereinheitlicht werden konnten. Mit diesem konnte man zum Beispiel die Erscheinungen der Optik und Strahlung verständlich machen. Die beteiligten Energien sind relativ klein und waren den Physikern schon damals leicht zugänglich. Deshalb konnten sie die Aussagen der Theorie messtechnisch überprüfen und bestätigten so die Aussagen der Theorie.

Ein nächster Schritt der Vereinheitlichung war die Verbindung von *Elektromagnetismus* und der sogenannten *schwachen Wechselwirkung der Kernkraft*. Eine solche Theorie wurde in jüngster Zeit von den Physikern Salam, Weinberg und Glashow entwickelt. Diese Theorie sagte die Existenz von zwei Teilchen voraus, dem sogenannten W- und dem Z-Teilchen. Beide haben eine Masse, die knapp hundert Milliarden Elektronenvolt entspricht (100 GEV), und dieser Energiebereich ist in den größten Teilchenbeschleunigern erst kürzlich für die Physik zugänglich geworden. Beide Teilchen wurden tatsächlich nachgewiesen und bestätigten so die neue Theorie!

Vereinheitlichung aller vier Grundkräfte?

Diese beiden geschilderten Vereinheitlichungsschritte ermutigten die Physiker zu dem Gedanken, dass vielleicht weitere Schritte möglich sind, und alle vier bekannten Kräfte der Physik vielleicht zu einer einzigen Theorie vereinheitlicht werden könnten. Diese Schritte müssten dann die *Starke Kernkraft* mit einbeziehen, und bei noch höheren Energien auch die *Gravitation*. Gelänge das wirklich, wären alle Kräfte, die die Physik kennt, vereinheitlicht und das würde die Physik auf ein besseres und befriedigenderes Fundament stellen.

Teil 2. Weiterführendes und Schlussfolgerungen
Defizite der Physik. Vereinheitlichung der Grundkräfte

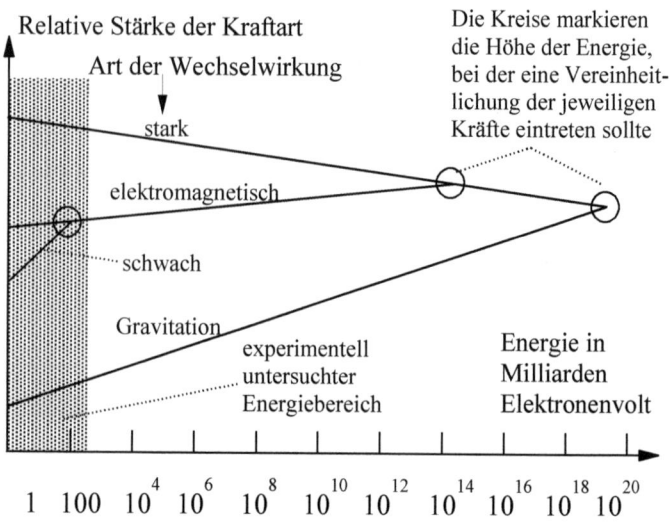

Relative Stärke der Kraftart
Art der Wechselwirkung
stark
elektromagnetisch
schwach
Gravitation

Die Kreise markieren die Höhe der Energie, bei der eine Vereinheitlichung der jeweiligen Kräfte eintreten sollte

experimentell untersuchter Energiebereich

Energie in Milliarden Elektronenvolt

$1 \quad 100 \quad 10^4 \quad 10^6 \quad 10^8 \quad 10^{10} \quad 10^{12} \quad 10^{14} \quad 10^{16} \quad 10^{18} \quad 10^{20}$

Die Aussage der Grafik ist, die bekannten Kräfte der Physik werden bei immer höheren Energien nacheinander nicht mehr voneinander unterscheidbar. Schattiert ist der experimentell untersuchte Energiebereich dargestellt, der die Vereinheitlichung von Elektromagnetismus und der schwachen Kernkraft bestätigte. Eine solche Vereinheitlichung ist für die Kräfte bei den gigantisch hohen Energien von $\sim 10^{14}$ und $\sim 10^{19}$ GEV noch nicht gelungen. Kommt man von den unvorstellbar hohen Energien des Urknalls her und geht zu immer tieferen, so kann man sich die Punkte, bei denen sich dann Kräfte voneinander trennen, wie einen Phasenübergang vorstellen. Bildlich nehmen wir hier als Beispiel Wasser, das bei Abkühlung von der Dampfphase her kommend flüssig wird, und bei weiterer Kühlung zu Eis und fest wird.

Die dazugehörende Theorie müsste Aussagen über so gigantische Energien machen, wie sie nur ganz kurz nach dem Urknall tatsächlich vorhanden waren. Solch hohe Energien werden uns wahrscheinlich nie praktisch zugänglich sein, und eine vollständig vereinheitlichte

Theorie bliebe deshalb auch sehr wahrscheinlich nicht überprüfbar. Die Grafik auf der vorherigen Seite stellt diesen Sachverhalt schematisch dar (nach M. Riordan und D. Schramm, „Die Schatten der Schöpfung", Seite 39).

Eine solche vereinheitlichte Theorie über alle der Physik bekannten Kräfte wäre somit erst noch zu entwickeln. Dass ihre Aussagen aber wahrscheinlich nicht praktisch überprüfbar wären, stellt die Physiker jedoch vor ein riesiges Problem.

Und dieses Problem müssen wir noch gewaltig vergrößern, denn Geist und Geisteskraft müsste aus meiner Sicht, und aus Gründen der Vollständigkeit unserer Welt, auch noch mit einbezogen werden!

Bei den Kräften der Physik ist die Gravitation zwar die schwächste, bestimmt aber wegen ihrer großen Reichweite das Geschehen über große Entfernungen, d.h. im Kosmos.

Die *Geisteskraft* ist aber noch viel schwächer und wir fragen hier etwas ketzerisch aber einfach: Bestimmt *sie* letztlich alles Geschehen im All?

Wir sind wieder an der Stelle gelandet, die wir als das größte Defizit der Physik bezeichnet haben, nämlich ihr Unvermögen, Geist in ihre Welt mit einzubeziehen.

Wir beenden hier die Schilderung der noch vorhandenen Defizite auf geistigem Gebiet und den Defiziten auf dem Gebiet der Physik.

Ägyptische Schöpfungsgeschichte und Urknall

An dieser Stelle wollen wir ein Versprechen einlösen, das auf Seite 9 gemacht wurde:

Die Analogie in den Aussagen der Ägyptischen Schöpfungsgeschichte und den Erkenntnissen der heutigen Kosmologie über den Urknall.

Diese auf den ersten Blick sicherlich verblüffende Behauptung wollen wir nun durch eine Gegenüberstellung untermauern. Das Verblüffende ist ja, dass die Ägypter nur durch Religion, meditativer Versenkung und Beobachtungen ihrer Welt zu ihren Schöpfungsvorstellungen gekommen sein können, während die Physik ihre Aussagen durch Messungen und Beobachtungen erarbeitet hat. Der Weg der Ägypter war somit völlig subjektiv und es ist ein Weg nach innen. Der Weg der Physik darf als vorherrschend objektiv bezeichnet werden und es ist ein Weg nach außen. Können da wesentliche Punkte wirklich übereinstimmen? Beide Wege führen jedoch zum gleichen Ziel, zum Anfang. Bei der Physik endet er dort (wir berücksichtigen hier die modernen Spekulationen über Multi-Universen nicht, und verweisen auf die Diskussion der Seiten 68 bis 70).

Die Ägyptische Schöpfungsgeschichte macht jedoch Aussagen über den Zustand vor der Schöpfung, oder besser ohne diese, denn sie beschreibt die Befindlichkeit des Schöpfergottes, und zwar bezeichnenderweise durch verneinende Aussagen (vergleiche S. 7). Die Ägypter waren sich offensichtlich bewusst, dass bejahende Aussagen dem Zustand vor der Schöpfung nicht adäquat sein können, denn dieser Zustand ist für Menschen in der Existenz in unserer Welt nicht vorstellbar, genauso wenig wie die Vorstellung eines Punktes ohne jegliche

Ausdehnung und ohne Umgebung! Manche Religionen wie z.B. das Christentum, sind aber dieser Versuchung erlegen und haben bejahende Aussagen gemacht. Diese wollen sicher wie ein Bildnis oder Gleichnis verstanden werden, sind aber trotzdem schwer verdaulich (mit Gott Vater im Himmel vereint sein...an seiner Seite sitzen...)

Die Gegenüberstellung der Aussagen Ägyptens über den Zustand des Schöpfers ohne Schöpfung, dem Vorgang der Schöpfung, und der Physik des Urknalls ist auf der nächsten Seite dargestellt.

In der *Ägyptischen Schöpfungsgeschichte* wird der Zustand des Schöpfers vor der Schöpfung als *zeit- und raumlos* beschrieben: „Als ich noch keinen Ort hatte, auf dem ich hätte stehen können"(vergl. S.7)

Alles *Geschaffene* erschafft der Schöpfergott durch *Differenzierung, Nachahmung* und *Vervielfältigung seiner selbst* und so aus sich selbst heraus. In diesem Sinn besteht die Welt aus dem Schöpfer, der ja als geistiges Wesen gesehen wurde. Die Entwicklung der Welt geschieht in der *Polarität* und auf geschlechtliche Weise.

„Als ich noch im Urwasser alleine war". *Es gab noch nicht ein Ding*, und „Urwasser" umschreibt den *strukturlosen* und *undifferenzierten* Zustand des Seins ohne Polarität. Alles war noch vereint im Schöpfer.

In der *Physik des Urknalls* begann die *Zeit* und die Entstehung von *Raum* mit dem Knall. Der Zustand ohne den Urknall muss somit als **zeit- und raumlos** gesehen werden.

Als Zweites kam auch alle *Materie und Energie* mit einem Schlag in die Welt. Alle *Struktur und Materie* entsteht aus dem praktisch unendlich heißen Anfang durch Ausdehnung, Abkühlung und Umwandlung von Energie und Materie. Das Universum ist in die Existenz gegangen. Die Entwicklung der Welt läuft *polar* ab mit Teilchen, die positive und negative Ladungen haben und mit Strahlung und ihrem polaren Welle-Teilchen Charakter.

Über den *Zustand ohne den Urknall* kann die Physik keine sinnvollen Angaben machen. Ihre Gesetze gelten nur *im* Universum.

Die Gegenüberstellung zeigt: Die Analogie liegt in den Aussagen über den Zustand ohne Zeit und Raum und dem Beginn von Zeit und Raum, sowie in der Polarität als der grundlegenden Eigenschaft der Welt, die ihre Entwicklung bestimmt. Bei den Ägyptern zeigt sich die Polarität in der geschlechtlichen Fortpflanzung der Götter nach der Urzeugung (vergleiche S. 6). Bei der Physik liegt die Polarität im grundlegenden Aufbau der Materie aus positiv und negativ geladenen Teilchen mit positivem und negativem Spin, sowie bei Licht und Strahlung mit der auf den Seiten 39 bis 42 dargestellten Polarität Welle/Korpuskel und dem elektro-magnetischen Feld.

Wir sehen, die Welt der Ägypter ist dem Wesen nach geistig und durch Geist bestimmt. Die physikalische Welt zeigt sich als dominant materiell und die Gesetze der Materie und Energie bestimmen die Entwicklung.

Wir möchten hier auch auf einen Punkt hinweisen, der mindestens auf den ersten Blick sehr unterschiedlich wirkt. Physikalisch gesehen war der Start praktisch unendlich heiß, und Temperatur kommt in der Ägyptischen Schöpfungsgeschichte nicht als bestimmende Größe vor. Falls wir jedoch hier die Aussagen der Hermetischen Philosophie ergänzend hinzuziehen, kann das Bild klarer werden. Dort wird Geist in unterschiedliche Grade oder Stärken eingeteilt, die ein großes Spektrum überdecken. Dieses beginnt am oberen Ende mit „Reinem Geist". Dieser wird als Geist mit dem höchsten Schwingungsgrad beschrieben und dem Schöpfer zugeordnet. Die weiteren Zustände des Geistes gehen über viele Stufen mit abnehmendem Schwingungsgrad bis zur Materie hin. Diese wird dort als das dem Reinen Geist polar gegenüber liegende andere Ende von Geist gesehen. In dieser Sicht hat Materie also auch geistige Eigenschaften, und könnte deshalb als „ausgefrorener Geist" bezeichnet werden.

Es ist mir völlig bewusst, wie ungewohnt diese Aussagen auf viele Leser wirken mögen. Diese Aussagen ergaben sich letztlich jedoch aus dem im Inneren polaren Aufbau unserer Welt und ihrer hier postulierten Vollständigkeit. Gerade wegen den der Polarität innewohnenden Gesetze haben sie ein besonderes Gewicht und sollten mindestens probeweise zugelassen werden: Materie und Geist sind verbunden und Materie stellt ein polares Ende der vielfältigen Arten von Geist dar.

Wir sind hier auf dem Gebiet der Urgedanken oder Ideen angekommen, die in diesem Fall von den Ägyptern erschlossen wurden. Die hier geschilderte Analogie drängt eine Verbindung zur Physik und den Erkenntnissen der Kosmologie geradezu auf. Des Weiteren sind die in der Analogie gefundenen Übereinstimmungen ein starker Hinweis darauf, dass unsere Welt wirklich „aus einem Guss ist", mit Gesetzen, die auf den unterschiedlichsten Gebieten gleichermaßen gelten.

Es mag auf manche Leser sogar befremdlich wirken, die Erkenntnisse von so weit auseinanderliegenden Gebieten wie der heutigen Kosmologie und dem Alten Ägypten zu vergleichen, denn sie haben ja *scheinbar* nichts miteinander zu tun. Deshalb wollen wir im Folgenden eine weitere Hilfestellung anbieten. Es ist der Versuch des Griechen Platon, seinen Mitmenschen die Existenz höherer Erkenntnisse näher zu bringen.

Die Gleichnisse Platons

Es ist verständlich, dass der Mensch die Welt, die er unmittelbar erlebt, für eine Tatsache hält, und darüber hinaus Gehendem eher mit Misstrauen und Vorsicht begegnet. Diese so vom Menschen erlebte Welt ist auch von wissenschaftlichen und anderen Einflüssen mitgeprägt und sie ist nicht automatisch offen für darüber hinausgehende Vorstellungen. Eine Akzeptanz dieser weiterreichenden Vorstellungen als Bestandteil unserer Wirklichkeit ist jedenfalls nicht selbstverständlich.

Dieser Schwierigkeit war sich auch der Grieche **Platon** offenbar bewusst, denn er fasste manche Gedanken über seine Vorstellungen in Gleichnissen zusammen, um sie seinen Mitmenschen näher zu bringen. Diese drei Gleichnisse, *das Sonnengleichnis*, *das Liniengleichnis* und *das Höhlengleichnis* sind in der Form eines Dialogs abgefasst, den Platon von seinem Lehrer Sokrates mit sieben weiteren Personen führen lässt. Überliefert sind sie in seinem Buch über die politische Philosophie *(Politeia)*. Diese Philosophie entwickelte er mit dem Ziel, seine Vorstellungen über politische Tugenden und seiner Vorstellung vom Guten seinen Mitmenschen verständlich zu machen.

Das Sonnengleichnis.

In diesem Gleichnis stellt Platon *die Sonne* bildhaft als Stellvertreter für *das Gute im Menschen* dar. Ihr selbstloses Verströmen von Licht und Wärme sieht er als Leitfaden für einen verantwortungsbewussten Politiker, der seine Mitmenschen durch seine guten Eigenschaften in selbstloser Weise fördert und unterstützt. So wie die Sonne als Quelle des Lichts die alles beherrschende Macht im sichtbaren Bereich ist, so herrscht in der geistigen Welt das *Gute* als *Quelle von Wahrheit und Wissen*. *Das Gute* entstammt dabei der Ideenlehre Platons. Diese sieht die Ideen als oberste Instanz der Geisteswelt. Diese kann man in der „normalen" Wirklichkeit nicht einfach vorfinden. Sie müssen von Philosophen entwickelt werden, die dazu eine besondere Begabung besitzen. Die Ideen sind unvergänglich, unwandelbar und so auch deshalb den Dingen der vergänglichen und wandelbaren Welt übergeordnet.

Menschen für politische Führungsaufgaben benötigen deshalb aus der Sicht Platons besondere ethische und intellektuelle Fähigkeiten. Ohne diese wären sie nicht qualifiziert, einem idealen und von Philosophen regierten Staat vorzustehen. Es genügt nicht, dass ihre charakterliche Disposition die Grundtugenden *Gerechtigkeit, Besonnenheit, Tapferkeit und Weisheit* umfasst. Diese Tugenden sind erst dann hilfreich, wenn man ihr Wesen philosophisch auf vollkommene Weise erfasst hat. Das gelingt aber nur dem, der die Tugenden aus einem ihnen übergeordneten Prinzip ableiten kann.

Dieses übergeordnete Prinzip ist das Gute, das die den Tugenden gemeinsame Quelle und Basis ist.

Das Liniengleichnis.

Im Liniengleichnis stellt Platon die möglichen *Wege der Erkenntnis* dar. Sie haben unterschiedliche Qualität und können deshalb in nachrangigen und höher bewerteten Bereichen zusammengefasst werden. Er stellt sie deshalb als an einer Linie aufgereiht dar, wo höhere Erkenntniswege über den tieferen angeordnet sind:

Stufe der Erkenntnis	Weg der Erkenntnis	Ergebnisse
Höchste Erkenntnis	Die direkte Einsicht der Vernunft erkennt und erschafft die Ideen. Beispiel: Das Gute	Ideen
Höhere Erkenntnis, die nicht aus der Wahrnehmung entsteht	Durch den Verstand aus vorausgesetzten Begriffen und Axiomen abgeleitete Erkenntnis	Mathematik. Geometrische Figuren und die Zahlen
Meinung. Die Welt ist das, was wir sehen	Erkenntnis durch das für wahr halten der direkten sinnlichen Wahrnehmung	Sinnlich Wahrnehmbare Dinge sind die Wirklichkeit
Meinung. Die Welt entspricht unseren Vermutungen	Erkenntnis durch indirekte Vermutungen, die aus unzureichenden Sinnesdaten gewonnen werden	Schatten, Spiegelbilder und Erscheinungen an Oberflächen wie Glanz stellen die Wirklichkeit dar

Platon wollte auf diese Weise seinen Mitmenschen die Struktur der Geisteswelt über die möglichen Wege der Erkenntnis näherbringen.

Das Höhlengleichnis

Platon benutzt hier die unterste Erkenntnisstufe aus dem Liniengleichnis, um seine Mitmenschen für die Bedeutung höherer Erkenntniswege zu sensibilisieren. Er stellt den Weg zu höherer Erkenntnis als Befreiung aus dem Gefängnis der „Schattenwelten" dar. Auch die nächst höhere Erkenntnisstufe ist dann natürlich auch noch nicht das Ende, denn dort wird die Wirklichkeit mit dem direkt sinnlich Erfassbaren gleichgesetzt. Das ist aber die Welt des Vergänglichen und der Umwandlungen. Erst noch höherwertige Erkenntnis führt zur unveränderlichen Basis unserer Welt bis hin zu den Ideen.

Als Bild benutzt Platon eine Höhle, in der gefangene Menschen mit dem Rücken zum Eingang sitzen. Sie können nur die dem Eingang gegenüberliegende Wand sehen. Auf dieser sehen sie ihre eigenen Schatten, die von dem fahlen Licht vom Eingang her auf diese Wand geworfen werden. Außerdem können sie sich bewegende Schatten von Objekten sehen, die außerhalb der Höhle von Menschen über deren Köpfen herumgetragen werden. Die Schatten dieser Menschen werden aber von einer Mauer abgehalten und erscheinen so nicht auf der Höhlenwand. Die Gefangenen denken nach über das was sie sehen. Sie kommen zu dem Schluss, ihre „Schattenwelt" auf der Wand sei die Wirklichkeit, denn sie sehen nur diese. Was Licht ist und woher es letztlich kommt, wissen sie nicht, denn sie wissen auch nicht, dass sie in einer Höhle sind. Sie finden aber Gesetzmäßigkeiten heraus. Die Schatten sind periodisch sichtbar und unsichtbar. Manche sind größer als andere, sie haben unterschiedliche Formen, sind unterschiedlich schnell und können sprechen, denn die Stimmen der Menschen außen hallen von der Wand wider. Mit der

Zeit können sie sogar Voraussagen machen, was als nächstes passieren wird. Trifft das ein, steigt der „Prophezeiende" im Rang der Gefangenen auf.

Eines Tages kommt ein Mensch von außen in die Höhle, befreit einen Gefangen und schleppt ihn ins Freie. Dieser ist geblendet vom Tageslicht und will lieber wieder zurück in die Höhle. Aber nach einiger Zeit haben sich seine Augen angepasst und er ist fasziniert, eine räumliche dreidimensionale Welt als neue Wirklichkeit zu erkennen. Die Schönheit der Farben der Pflanzen und Tiere begeistern ihn und die Wärme der Sonne und die Schönheit des Nachthimmels überwältigen ihn. Er will nicht mehr zurück in die Höhle!

Er erkennt jedoch auch seine Verpflichtung seinen Mitgefangenen zu helfen, und geht zurück. Dort sieht er gar nichts mehr und wird von den Mitgefangenen verlacht. Diese denken es sei gefährlich für sie, „ihre Welt zu verlassen". Er erkennt, dass sie ihn nach ihrer Befreiung als Störenfried töten könnten. Hier endet das Gleichnis.

Die Deutung des Gleichnisses ist, der Mensch sollte vorsichtig sein, „seine Welt" für die letzte Wirklichkeit zu halten. Will er Philosoph und Menschenführer werden, so sollte er den Erkenntnisweg so weit nach oben wie möglich gehen, um möglichst bei der Erkenntnis der unveränderlichen Ideen und des Guten anzukommen. Dann ist er wirklich qualifiziert als Menschenführer. Es kann aber trotzdem passieren, dass sich manche seiner Mitmenschen der Erkenntnis verweigern und ihn als Störenfried „behandeln". Andere jedoch werden sich wirklich ernsthaft auf den Weg der Erkenntnis begeben.

Die Leitlinie Platons für qualifizierte Politiker wäre doch das Schönste, was wir uns heute wünschen könnten! *Unter der Quelle des Guten* würden unsere Politiker die Tugenden *Gerechtigkeit, Besonnenheit, Tapferkeit und Weisheit* ausüben und wir wären bei Ihnen bestens aufgehoben.

Im nächsten Abschnitt kommen wir noch auf das Platonische Weltenjahr zu sprechen. Dieses „Jahr" ist sehr lang und kann in „Monate" unterteilt werden, von denen jeder über 2000 normale Jahre lang ist.

Das Besondere an dem Platonischen Weltenjahr ist, dass über diesen Zeitraum der Tierkreis gerade einmal rückwärts durchlaufen wird. Das passiert ja auch in Vorwärtsrichtung während eines „normalen Jahrs", nur hängt das beim Platonischen Weltenjahr mit der Präzession der Erde zusammen.

Wegen des Durchlaufens des Tierkreises auf dieser „höheren Stufe" entsprechen den Monaten des Platonischen Weltenjahrs besondere Qualitäten, genauso wie es nach der Astrologie für die Monate eines „normalen Jahrs" der Fall ist.

Das Platonische Weltenjahr

Nach Platon wurde das *Platonische Weltenjahr* später so benannt. Es ist ein Zeitabschnitt von ungefähr 25800 Jahren, in denen unsere Erdachse einmal ihren Präzessionskegel durchläuft.

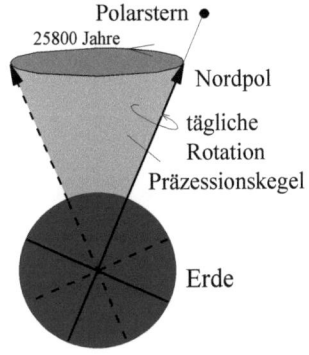

Die Präzession der Erde.

Die Erde als Kreisel. Die Erde ist an den Polen etwas abgeplattet und hat am Äquator einen Wulst. Die Kräfte, die dort angreifen, führen zu der Bewegung der Erdachse um den Pol der Ekliptik. Die Ekliptk ist die Ebene der Erdbahn um die Sonne.

Ein Monat dieses Weltenjahres entspricht dann 2150 Jahren. *Der Monat des Widders* ging von ~2150 vor Christus bis zu dessen Geburt. Als ein „Highlight" dieses Monats dürfen wir die *„Kopfleistungen"* der Griechen und der Asiaten sehen.

Dem Widder voraus ging der *Monat des Stiers* (~4300 v. Chr. bis ~2150 v. Chr.). *Das Zeitalter des Pyramidenbaus* in Ägypten darf wohl als sein Highlight gesehen werden. In dieser Zeit kam die Religion in Ägypten sozusagen auf die Erde, wurde dort gelebt, und durchdrang alle Lebensbereiche. Der Leitstern war die Sonne Re.

Nach dem Widder folgte der *Monat der Fische*, das Zeichen von Christus. Mit den Fischen startete ein neues Weltenjahr. Es dauert noch an und als sein Highlight dürfen wir vielleicht *die Musik* sehen, die in der Klassischen Musik gipfelte.

Das Zeitalter des Wassermanns ist am Heraufziehen (ab ~ 2150), und wir können sein Highlight noch nicht kennen. Eine gründliche Durchmischung der Völkerrassen könnte ein Kennzeichen des Wassermanns werden. Es besteht die Hoffnung, dass diese Durchmischung die Basis für ein besseres Verständnis der Menschen untereinander bilden wird. Das wäre jedenfalls ein schönes „Highlight".

Als Ergänzung sei noch hinzugefügt: Die Platonischen Monate bescherten der Menschheit natürlich nicht nur Höhepunkte, sondern auch viele Tiefpunkte wie Kriege, Seuchen und Verfolgung.

Die Platonischen Körper

Als Beispiel für eine große Kopfleistung der Griechen wollen wir noch auf die nach Platon so benannten *Platonischen Körper* zu sprechen kommen. Nur aus ihrer Vernunft und ihrem Verstand heraus erschlossen die Griechen die Existenz dieser regelmäßigen Körper, die ja auch eine zeitlose Idee darstellen. Im Liniengleichnis befinden wir uns hier auf der höheren dritten Erkenntnisstufe. Es handelt sich um die fünf einzigen Körper, die aus regelmäßigen Vielecken aufbaubar sind.

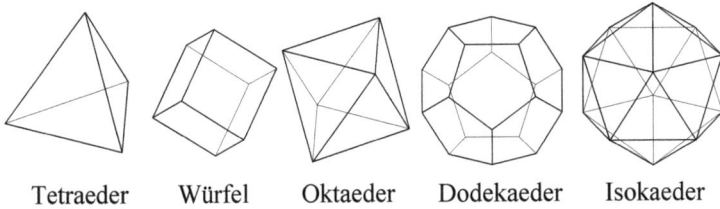

Tetraeder   Würfel   Oktaeder   Dodekaeder   Isokaeder

Als regelmäßige Vielecke kommen dreimal Dreiecke vor und je einmal Vierecke und Fünfecke. Dreiecke dominieren also, und ein Quadrat und das regelmäßige Fünfeck kann man auch aus Dreiecken aufbauen, die dann aber nicht auch noch gleichseitig sind.

Die Körper sind in der Mathematik genau beschrieben und wir können dem hier wenig Neues hinzufügen, es sei denn, es wäre den Lesern nicht bekannt, dass man sie formal auf nur drei grundlegende Formen reduzieren kann. Wir bilden das hier mit drei Durchdringungen ab.

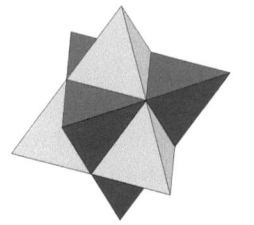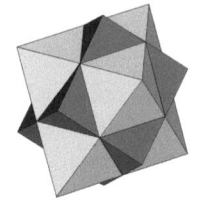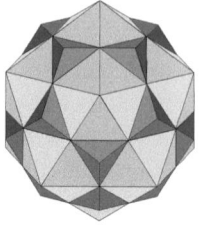

Drei Durchdringungen. Tetraeder und Tetraeder, Würfel und Oktaeder, Dodekaeder und Isokaeder.

Sie zeigen, dass sich ein Platonischer Körper aus einem zweiten Platonischen Körper ergibt. Wir nennen diese so verbundenen Körper Partnerkörper. Die Durchdringung zweier Tetraeder hat natürlich eine diesem Vorgehen innewohnende Selbstverständlichkeit (Tautologie). Diese 3 Durchdringungskörper bestehen ausschließlich aus Dreiecken und die meisten sind auch noch regelmäßige Dreiecke.

Es ist mir nicht bekannt, ob sich Platon auch schon dieser drei Grundformen bewusst war. Jedenfalls hat er uns seine Einsicht mitgeteilt, dass er das Dreieck und die Drei als grundlegende Idee für den Aufbau unserer Welt sah. Vielleicht wurde er durch den Schöpfungszyklus zu diesem Gedanken inspiriert. Dort ergibt sich ja aus dem Schöpfer (1, männlich) das Geschöpfte (2, weiblich) und die gemeinsame Frucht (3, männlich und weiblich). Als Beispiel nehmen wir hier Vater (1), Mutter (2) und Kind (3).

Die Drei als Grundstruktur unserer Welt ist für uns heute nicht mehr unmittelbar einleuchtend. Wie soll die Dreiecksform unsere Welt bestimmen, beziehungsweise aufbauen?

Hier erinnern wir an den Befund der modernen Physik, dass die Materielle Welt, wie wir sie heute sehen, aus Quarks aufgebaut ist (Vergleiche Seite 49 bis 58). Je *drei* unteilbare Quarks bilden ein Proton oder Neutron und das sind die Grundbausteine aller uns wirklich gut bekannten stabilen Materie!

Die Zahl Drei ist nun nicht automatisch ein Dreieck, aber der Grundgedanke, die Idee Drei, ist wirklich die Basis unserer gesamten Welt, wie wir sie *materiell* kennen! Platon hatte mit seiner Idee der Drei diese Grundstruktur geometrisch dargestellt. Eine Grundstruktur ist wie eine Idee etwas Ruhendes und Unveränderliches.

Wir begreifen heute die Quarks als schnell umeinander herumwirbelnde und stark aneinander gebundene Grundbausteine der Welt der Materie. Einem sich irrwitzig schnell drehenden Rad ähnlich, scheinen sie zu ruhen. Es sind immer drei, die zusammen ein vollständiges Proton oder Neutron ergeben.

Konnte philosophische Sicht so tief blicken? Zwar lagen für Platon die heute konkret nachgewiesenen Quarks in weiter Ferne. Die Idee zur Grundstruktur der Welt hatte er trotzdem schon damals.

Wir schließen diesen Abschnitt über Platon und seine Erkenntnisse mit dem Wunsch, die heutige Politik möge den Leitfaden Platons für Politiker, *das Gute*, wiederentdecken und auch anwenden.

In diesem Abschnitt haben wir gesehen, wie die Stufen der Erkenntnis bei Platon von einer eher nur subjektiv erlebten „Höhlenwelt" sich aufbauen bis hin zur Welt der Ideen, die objektive Erkenntnisse darstellen. Wir bezeichnen sie als objektiv, weil sie von dem der sie erdacht hat unabhängig sind, und zeitlos für alle Menschen gelten.

Deshalb soll ein Abschnitt folgen, der sich mit weiteren objektiven Erkenntnissen beschäftigt, die von subjektiven Geistern gewonnen wurden.

Weitere objektive Erkenntnisse

Hier betreten wir das große Gebiet der *Mathematik,* das wir im vorigen Abschnitt mit Beispielen aus der Welt Platons schon angerissen haben. So gehört die Geometrie und die Welt der Zahlen dazu. Alle diese Schöpfungen sind rein geistiger Art. Sie sind zeitlos, völlig immateriell und so auch von dem, der sie gefunden und geschaffen hat, völlig unabhängig. Sie sind ein Schatz, der allen Menschen gehört. Er wird sozusagen selbstlos „verströmt", wie das Platon am Beispiel der Sonne für die noch höherstehende Erkenntnis mit seiner Idee *des Guten* gefunden hat. Durch Abstraktion ist alles Subjektive und Materielle aus diesen Erkenntnissen entfernt worden. So war es wohl gerade das Objektive und Unwandelbare, das schon die Griechen an mathematischen Ideen fasziniert hat.

Dabei ist es zuerst sogar zweitrangig, ob diese Erkenntnisse auf unsere „wirkliche Welt", z. B. auf den Raum zutreffen, oder nicht. So hat Euklid auf der Basis von einigen wenigen Axiomen die *Ebene Geometrie* entwickelt, die auf unsere hier erlebte Welt zuzutreffen schien (Ein Axiom ist eine nicht weiter hinterfragbare Grundannahme). Mit der Entdeckung der Erde als Kugel war eine Allgemeingültigkeit der Ebenen Geometrie erst einmal erschüttert. Jedoch auch für Kugeln wie die Erde wurde eine Geometrie entwickelt, mit der man berechnen kann, wie man Schiffe steuern muss, um am richtigen Ort anzukommen.

Es waren auch viele Physiker an der Entwicklung der Mathematik beteiligt. Diese Erweiterungen der mathematischen Formalismen nahmen sie insbesondere deshalb vor, um die Probleme lösen zu können, die sich ihnen stellten. Als Beispiel erinnern wir hier an die ab Seite 47 geschilderte Stabilität der Atome, die mit der

Klassischen Physik ja nicht verstanden werden konnte. Man musste die Quantenphysik, und die dazu gehörenden mathematischen Formalismen entwickeln, um mit dieser Theorie das Verhalten von Atomen, Teilchen und Strahlung zu verstehen.

Eine weitere Umwälzung leitete Einstein mit der Entwicklung der *Speziellen* und dann der *Allgemeinen Relativitätstheorie* ein. Sie wurden durch bestätigte Voraussagen zu nunmehr gültigen Theorien für das Verhalten von Materie und Licht in der Welt des Großen, und ergänzten Newtons Theorie der Gravitation und lösten sie ab. Besonders im Bereich großer Massen und hoher Geschwindigkeiten ergab Einsteins Theorie Ergebnisse, die von den Voraussagen der Theorie Newtons abwichen. Eine Voraussage war die Beugung von Lichtstrahlen beim Passieren der Sonne, die bei einer Sonnenfinsternis in der vorausgesagten Größe gemessen wurde. Eine zweite richtige Voraussage betraf die sogenannte Periheldrehung des Merkur. Das Perihel ist der sonnennächste Punkt seiner Bahn, und die Theorie sagte voraus, dass dieser Punkt in 225000 Jahren einmal um die Sonne wandern sollte. Genau das wurde auch gemessen. Die Neue Theorie beschreibt diese Verhaltensweise von Licht und Materie präziser als die alte Theorie von Newton. Plötzlich war der vorher kontinuierlich gleichmäßige Raum „gekrümmt" durch die Anwesenheit von Massen! Er hatte sich in seiner Geometrie verändert. Da *Licht* die in unserer Welt *maximal mögliche Ausbreitungsgeschwindigkeit* hat, bestimmt diese Geschwindigkeit auch unsere zeitliche Erfahrung von Vorgängen, die in diesem Raum ablaufen. Deshalb blicken Astronomen in die Vergangenheit, wenn sie Sterne in unserer Milchstraße oder in noch weiter entfernten Galaxien betrachten. Das Licht dieser Sterne, das wir in diesem Augenblick empfangen, wurde vor so vielen Jahren ausgesandt, wie es gebraucht hat, um uns mit seiner konstanten Geschwindigkeit von 300000 Kilometern pro Sekunde heute zu erreichen. Aus diesem Grund kann man Entfernungen auch in „Lichtjahren" angeben. Mit der Geschwindigkeit des Lichts ergibt sich ein Lichtjahr als eine Entfernung von 9.5 Billionen Kilometer (9.5×10^{12} Km). Die uns nächste Galaxie, die Andromeda, ist nun schon ~2.5 Millionen Lichtjahre entfernt (2.4×10^{19} Km). Die Astronomen können heute aber schon fast 13 Milliarden Jahre weit und in die Vergangenheit blicken. So sehen sie die Objekte dort, wie diese vor einer so langen Zeit aussahen. Dieser Zeitpunkt entspricht anders ausgedrückt ~700 Millionen Jahre nach dem Urknall. Das heutige Aussehen dieser Objekte können wir deshalb nicht „sehen", und wir müssen aus relativen Beobachtungen Schlüsse ziehen, wie sie sich wohl entwickelt haben mögen.

Das ist der Grund, weshalb der Raum zusätzlich eine Zeitdimension bekam, und die Physik spricht deshalb von der *Raumzeit*.

So stark haben sich unsere physikalischen Vorstellungen über etwas scheinbar so Selbstverständliches wie „Raum" über die Zeiten verändert! Er wird durch Massen verformt und bekommt mit der Zeit eine zusätzliche Dimension.

Und auch *die Zeit* ist nicht mehr das, was man früher unter ihr verstand.

Wir wollen im Folgenden nochmals die physikalischen Vorstellungen über Zeit und Raum reflektieren, die sich in der Geschichte ja sehr gewandelt haben. Dem fügen wir dann auch noch Aspekte der Zeit hinzu, die wir Menschen als solche empfinden und erfahren. Insgesamt spannen wir damit einen Bogen, der von den „objektiven" Eigenschaften der Zeit bis zu ihren „subjektiv" so empfundenen Eigenschaften reicht.

Raum und Zeit objektiv und subjektiv

Wir erinnern nochmals an die Vorstellung von dem **Raum** im Altertum und dem Mittelalter, die gleichzeitig subjektive und objektive Züge zeigt. Man war der Meinung, er sei an die Erde gebunden, und erstrecke sich von ihr über die Atmosphäre in sieben „Planetensphären" bis zur Sphäre des Sternenhimmels, der wegen seiner scheinbaren Unveränderlichkeit fest wie ein Kristall gedacht war (Firmament). Der Mensch war noch im Zentrum der Welt. Diese Meinung abstrahierte Isaac Newton zur Idee eines nicht mehr an die Erde gebundenen Raums. Er wurde durch nichts verändert, war sozusagen absolut und gleichmäßig (Isotropie des Raums). Materielle Körper und Lichtpartikel bewegten sich in ihm, ohne dass ein Punkt der Ruhe oder ein Zentrum definierbar war, auf den man all diese Bewegungen hätte beziehen können.

Für Newton war auch die **Zeit** noch als von uns unabhängig und gleichmäßig ablaufend gedacht. Auch sie abstrahierte er zu einer Idee und machte so beides, Zeit und Raum, zu objektiven Begriffen, die von uns und der Erde unabhängig wurden. Beide Größen machte man messbar. Schon früher nahm man die Eigenrotation der Erde mit dem Wechsel von Tag und Nacht zur Messung der Zeit und ergänzte das mit dem Verlauf der Jahreszeiten, die durch die Rotation der Erde um die Sonne verursacht werden. Nun erfand man zusätzlich Uhren. Von ihnen dachte man, sie bildeten die Zeit mit ihren periodischen Pendelbewegungen ab.

Auch für den Raum wurden als Messgrößen Einheiten wie Kilometer und Meilen festgelegt.

Beide Begriffe, Zeit und Raum, hatten sich über das Jahrtausende lange Erleben so fest im Bewusstsein der Menschen verankert, dass ihre Existenz nicht mehr in

121

Frage gestellt wurde. Ein kausales Weltbild war entstanden, in dem z. B. zukünftige Konstellationen der Planeten aus den gegenwärtigen mit fast unheimlicher Präzision vorhersagbar waren. Diese Erfolge verstärkten den Einfluss der Wissenschaft auf die Ansichten der meisten Menschen. In den Augen der Menschen war die Gültigkeit der Aussagen der Wissenschaft über Zeit und Raum nicht mehr in Frage gestellt.

Es war die Wissenschaft selbst, die das tat!

Um das Verhalten von Teilchen und die Stabilität der Atome zu verstehen, musste die Quantenphysik entwickelt werden. In dieser Welt der Quanten gibt es aber keinen von Vorgängen unabhängigen Zeitverlauf und keinen eindeutigen Zeitpfeil, der von der Vergangenheit in die Zukunft zeigt. Messergebnisse verlieren ihren objektiven Charakter, weil sie von der Vorgehensweise des Messenden mitbestimmt werden. (Stichwort Experimente am Doppelspalt; die Erkenntnisse aus diesen Experimenten sind heute sehr schön im Internet nachvollziehbar und sie werden deshalb hier nicht detailliert beschrieben).

Misst man den Ort eines Teilchens möglichst genau, so ist sein Impuls „unbestimmt". Misst man den Impuls genau, so ist der Aufenthaltsort des Teilchens „ein verschmierter Bereich". Dies ist eine Konsequenz der von Werner Heisenberg gefundenen Unschärferelation, und durch die Abhängigkeit der Messergebnisse von der Vorgehensweise des Messenden kommt Subjektives ins Spiel. Aber diese Quantenphysik versteht die Stabilität der Atome!

Für das Verständnis der Welt des Großen und der hohen Geschwindigkeiten entwickelte Albert Einstein die Relativitätstheorie. Diese stellt jedoch den „absoluten Raum" in Frage und Zeiterlebnisse sind vom Bewegungszustand eines Beobachters abhängig. So altert er auf einer Reise mit hoher Geschwindigkeit nahe der des Lichts weniger schnell als ein auf der Erde zurückgebliebener Mensch. Ein vom Subjekt und seinem Bewegungszustand abhängiges Altern!

Außerdem wird ein Raum bei Anwesenheit von großen Massen „verformt" oder „gekrümmt". Seine Absolutheit und nicht beeinflussbare Gleichmäßigkeit ist verloren gegangen. Die Lichtgeschwindigkeit wurde als die in unserem Universum maximal mögliche erkannt und verknüpft so Raum und Zeit zur Raumzeit.

Es ist sicherlich einer der faszinierendsten Befunde der Physik, dass die von Einstein postulierten *Gravitationswellen* erst vor kurzem tatsächlich nachgewiesen wurden (Vergleiche auch Seite 82 bis 84). Es handelt sich dabei um Verformungen des Raumes, die sich wellenartig mit Lichtgeschwindigkeit ausbreiten. Die Ursache für diese Wellen war das Verschmelzen zweier Schwarzer Löcher, die sich in einem irrwitzig schnellen Tanz umkreisten, und sich dabei immer näher kamen. Sie hatten Massen, die 29 und 36 Sonnenmassen entsprechen. Das ergibt addiert 65 Sonnenmassen. Das aus der Verschmelzung resultierende Schwarze Loch hatte aber nur 62 Sonnenmassen. Die Massendifferenz von 3 Sonnenmassen wurde nun im Bruchteil einer Sekunde in Form von Gravitationswellen als Energie abgestrahlt! Das ist kurzfristig eine Strahlungsleistung, die höher ist als die Strahlungsleistung, *die von allen Sternen im Universum in dieser Zeitspanne abgestrahlt wurde!!* Die Wellen wurden mit einem Instrument nachgewiesen, das **L**aser **I**nterferometer **G**ravitational Wave **O**bservatory (LIGO) heißt. Die Physiker und Kosmologen hat dieser Nachweis in helle Aufregung versetzt, denn es war ihnen sofort klar, dass es nicht nur eine weitere wichtige Bestätigung der Relativitätstheorie Einsteins war, sondern ein ganz neues Fenster zur Beobachtung von

Vorgängen in unserem Universum eröffnete. Solche Gravitationswellen müssen nämlich auch beim Urknall selbst erzeugt worden sein, und ihr Nachweis wäre eine noch größere Sensation!

Wir sehen, die Physik selbst hat die von ihr zuerst angestrebte Objektivität grundlegend relativiert und Subjektivität ins Spiel gebracht. Ihr Blick in die Welt des Großen und das Kleinen drang dabei auch immer tiefer in unsere Welt ein.

Da dabei der objektive Grundsatz nicht eingehalten werden konnte, drängt sich die Frage auf: *Ist das so, weil unsere Welt beide Eigenschaften enthält, und deshalb bei tiefem Forschen die subjektive Hälfte zum Vorschein kommen muss?* Muss deshalb die Objektivität Subjektivität zulassen und anerkennen, dass erst beide Eigenschaften unsere Welt vollständig machen? Wir betonen hier dieses *analoge Prinzip* des **sowohl als auch** als eine richtige und unvermeidbare Sicht der Welt. Es ist der Kern unseres Weltbilds und ergänzt das auch gültige *kausale Prinzip* des **wenn-dann** zu etwas Vollständigem.

Weil wir jedoch nicht nur die physikalische Sicht der Welt darstellen wollen und die geistige Sicht uns ebenso sehr am Herzen liegt, wollen wir im Folgenden die Vorstellungen von Zeit und Raum mit besonders für den Menschen wichtigen Aspekten ergänzen. Damit dringen wir ja noch weiter in ihre subjektiven Eigenschaften vor. Beginnen wollen wir hier aber mit einer formalen Frage: *Gibt es Zeit überhaupt?* Und weiter:
Gibt es Zeit als unabhängig vom Menschen ablaufende Qualität? Das haben sich ja schon viele Menschen und Philosophen gefragt bis hin zu der absurd klingenden Frage, ob es eine von einem Beobachter unabhängig existierende reale Welt überhaupt geben kann.

Schaut man genau hin und lässt erst einmal alles weg, was unser *Bewusstsein* daraus macht, so reduziert sich *Zeit* auf den jeweils gerade erlebten Augenblick. Eigentlich gibt es nur ihn! Zwar bestreiten wir gar nicht das Vorhandensein von rhythmisch periodischen Vorgängen auf unserer Welt. Diese sind ja das Einzige, das als wirklich und existent anerkannt werden muss.

So sind Tag, Nacht, Jahr usw. natürlich da, und periodische Vorgänge wie Pendelbewegungen und Atomschwingungen auch. Aus ihnen entsteht jedoch nur dann Zeit, wenn wir ihnen Zeit per Vereinbarung zuordnen. Dann sagen wir, der Pendelschlag hat z. B. eine Sekunde gedauert, und schon ist es passiert: Zeit ist entstanden.

In unserem Empfinden entsteht Zeit durch das, was unser *Bewusstsein aus dem Erlebten macht.* Es hat die Fähigkeit, sich zu erinnern und auch in die Zukunft zu projizieren. Da es aber die Aspekte unserer polar aufgebauten Welt nur nacheinander erkennen kann und nicht auf einmal insgesamt, spannt es über unser Erleben der Welt die Zeit erst auf. Wir erinnern hier nochmals an unser Vexierbild:

Wir können das Ganze nicht auf einmal sehen. Ginge das, so würden wir „Nichts" sehen.

Wir müssen also die polaren Aspekte unserer Welt gezwungenermaßen nacheinander erkennen, und schon ist es passiert: Unser bewusstes Erkennen hat Zeit geschaffen. Zugegebenermaßen wird aus diesem Beispiel noch keine Richtung für den Zeitverlauf Vergangenheit-Zukunft definiert, denn wir können wählen, in welcher Reihenfolge wir die Vase und die Gesichter erkennen wollen.

Es ist halt doch nicht ganz so einfach, wichtige Zusammenhänge mit einem ganz simplen Bild vollständig darzustellen und sie auch vollständig zu erklären. Deshalb weisen wir noch auf einige Punkte hin, aus denen die Physik die Zeitrichtung ableitet. Ergänzt wird das noch mit Punkten, die die Zeitrichtung aus unserem subjektiven Erleben heraus erzeugt.

Der Zeitpfeil der Physik. Für die Physik gibt es im Wesentlichen zwei Erkenntnisse, welche die Vergangenheit vor die Zukunft setzen:

- Von alleine fließt Wärme immer nur aus Gebieten höherer Temperatur in Richtung niedrigerer Temperatur (Stichwort: Zweiter Hauptsatz der Thermodynamik; er gilt nur für Systeme, die in sich abgeschlossen sind).

- Mit dem Urknall begann die Zeit erst und hat durch die Expansion des Universums eine eindeutige Richtung.

Den ersten Punkt ergänzten schon viele Autoren durch die Erkenntnis, dass relativ häufig Tassen auf einem Steinboden zersplittern, aber ein Zusammenfügen der Splitter zu einer ganzen Tasse verbunden mit einer Rückkehr auf den Tisch, noch nie beobachtet wurde. So nimmt die Unordnung auf der Welt eher zu als ab. Wir erwähnen hier, dass das Leben die Fähigkeit hat, aus ungeordneten Zuständen sehr geordnete zu schaffen. Es braucht dazu jedoch Energie von außen und widerspricht deshalb dem Zweiten Hauptsatz der Thermodynamik nicht. So ist auch die Bildung eines Sterns ein Vorgang, bei dem die Ordnung wächst, denn er entstand ja aus einer sehr ungeordneten Gaswolke. Doch auch bei der Sternbildung wird Energie benötigt, und hier ist es die anziehende Gravitationsenergie, die die Gaswolke immer mehr verdichtet und aufheizt.

Nur wird der Urknall selbst dadurch nicht weniger rätselhaft, denn mit ihm starteten Zeit und Raum und alle Materie und Energie waren mit einem Schlag in unserem Universum existent.

Frage: Ist unser Universum ein abgeschlossenes System im Sinne des 2. Hauptsatzes?

Wenn es einen Schöpfer gibt, eher nicht und falls bei der Bildung von Schwarzen Löchern sich Materie letztlich aus dem Universum verabschiedet, wohl auch nicht. (Wir verweisen hier auch auf die Diskussion auf den Seiten 81 und 82).

Wie entsteht Zeit aus dem subjektiven Erleben heraus?

- Hier wiederholen wir die Tatsache, dass unser Bewusstsein die Fähigkeit hat, schon Erlebtes der Vergangenheit zuzurechnen und zwar unabhängig vom Inhalt des Erlebten. Aus dem gerade erlebten Augenblick entsteht Schritt für Schritt die Zukunft. So wissen wir den Inhalt der Zukunft noch nicht, aber wir kennen die Vergangenheit. Wir wissen, die Zukunft wird kommen.
- Die Erlebnisse Geburt, Aufwachsen, Altern und Tod zwingen uns Zeit und ihre Richtung geradezu auf.

Zum ersten Punkt ist zu bemerken, dass generell für das Bewusstsein schon Erlebtes als Vergangenheit eingeordnet wird. Das ergibt in folgendem Sinn aber noch keine eindeutige Zeitrichtung: Es würde auch zulassen, dass wir von unserem Tod her kommend erleben, wie wir von einem alten Körper eingefangen werden, Tag für Tag kräftiger, gesünder und jünger werden, bis wir schließlich immer kleiner werden und als Embryo im Bauch der Mutter landen. Dort würden wir weiter bis zur Eizellengröße schrumpfen und unser Bewusstsein würde sich erst dann aus dieser Eizelle verabschieden (Das Letztere wurde als umgekehrter Vorgang schon von vielen Teilnehmern einer Reinkarnationstherapie geschildert: „Ich wurde wie in einen Trichter eingesaugt und fand mich dann in der Eizelle meiner Mutter in deren Bauch wieder"; T. Dethlefsen, das Erlebnis der Wiedergeburt, Goldmann Verlag. Die geschilderte Aussage ist verkürzt und muss beispielhaft gesehen werden).

Erst der zweite obige Punkt bestimmt eine eindeutige Zeitrichtung: Unsere Geburt erleben wir in Wirklichkeit vor dem Aufwachsen. Wir werden größer und bilden über gute und schlechte Erfahrungen unser Ego aus. Wir werden stärker und erleben vieles. Wir merken, dass wir altern und schwächer werden. Immer mehr nicht wieder ganz umkehrbare Prozesse setzen ein, bis wir schließlich sterben.

Wir kommen nun zu dem Versuch, die Frage zu beantworten: *Gibt es Zeit überhaupt?*
Das verblüffende Ergebnis der bisherigen Diskussion ist, *es gibt Zeit genauso, wie es sie nicht gibt.* In der einen Sicht ist sie real, in der anderen Sicht eine Illusion. Sie ist real, weil wir die Polarität unserer Welt nur Schritt für Schritt durchleben können. Sie würde als Illusion entlarvt, falls wir die Vollständigkeit unserer Welt auf einmal als solche erkennen könnten (diesen Zustand bezeichnet man auch als Erleuchtung). Doch wir brauchen dazu im besten Fall Myriaden von Augenblicken. Wenn wir zulassen, dass nur dem

jeweiligen Augenblick Realität zugeordnet werden kann, zeigt das auch das Illusionäre an, das der Zeit innewohnt.

Ein Paradoxon. Gleichermaßen gibt es Zeit und es gibt sie nicht. Wir finden diese Paradoxa in unserer Welt immer dann vor, wenn wir zu ihren Grenzen vordringen, denn die äußersten Enden einer Polarität müssen sich zwangsläufig widersprechen. So wie plus und minus. Im Falle von Ladungen können sie sich gegenseitig aufheben, neutral werden und wir landen dann in der Mitte der Polarität „Ladung".

Da es unser Bestreben ist, Polaritäten bis an ihre Grenzen auszuloten, werden noch einige Paradoxa auf uns warten.

Im Folgenden sollen noch einige weitere der subjektiv menschlichen Aspekte der Zeit etwas ausführlicher angesprochen werden, denn das ganze Bild ist noch komplexer als bisher dargestellt.

Wir kommen hier zu Themen *des Einflusses von Dichte und Intensität der Erlebnisse, Wachen und Schlafen, Altern und Tod.*

Im Kontrast zur physikalischen Zeit entzieht sich die subjektiv erlebte Zeit ja einer genauen Messung. Jeder hat in seiner Kindheit erlebt, wie lange ein Jahr dauern kann und sieht im Alter, wie schnell die Zeit verfliegt. So sind es wohl die vielen neuen Eindrücke und Lernaufgaben, die Kindern die Zeit „verlängert". Überwiegt immer mehr „das Gewohnte", so bleibt pro Tag immer weniger Neues hängen. Das ist wahrscheinlich ein Grund für den gefühlten schnelleren Zeitablauf im Alter. Deshalb ist die gefühlte Zeit vom Grad der Bewusstheit beeinflusst, mit der sie erlebt wird. Ein hoher Grad „erfüllt" die Zeit mehr und verlängert sie dadurch.

Jeder hat schon erlebt, wie schnell die Zeit bei angeregter Diskussion in interessanter Gesellschaft vergehen kann. Man schaut auf die Uhr und hält es für fast unglaublich, dass es schon 12 Uhr ist. Deshalb leuchtet es den meisten Menschen unmittelbar ein, dass Dichte und Intensität des Erlebten die subjektiv erlebte Zeit mitbestimmen.

Als weitere Einflüsse auf die Zeit im Wachzustand nennen wir hier Stimmungen wie Glück, Freude, Vorfreude, Angst, Furcht, Zorn, Schmerz und viele mehr. Manchmal kann man etwas kaum erwarten, und in einer anderen Phase vergeht die Zeit mit Tagträumen.

Zieht sich unser Wachbewusstsein zurück und wir Schlafen ein, wird Zeit und ihr erleben noch relativer. Hier sehen wir, wie sehr unsere subjektiv erlebte Zeit von unserem Wachbewusstsein abhängt. Ist es vorübergehend ausgeschaltet, so können Phasen entstehen, die als zeitlos empfunden werden. Setzt dann ein Traum ein, ist wieder alles anders. Unser Traumbewusstsein hat übernommen, und nun kann die Zeit schnell, langsam oder mit irgendwelchen Geschwindigkeiten ablaufen.

Wir begeben uns nun auf ein noch schwierigeres Terrain. Was ist Zeit nach dem Tod? Viele Menschen sind ja der Meinung, dass für sie die individuell erlebte Zeit dort endet. Wie schon im ersten Teil des Buches erwähnt, ist das nicht meine Meinung. Ich vertrete ja die Meinung, Leben, Geist und Bewusstsein sind unzerstörbar. Dazu gehört beim Tod, dass unser Bewusstsein unseren Körper verlässt. Dies kann man hier auch als unser Gesamtbewusstsein bezeichnen, denn wir haben gesehen, es gibt verschiedene Arten davon, die wir hier unter diesem Begriff zusammenfassen. Ein alter Begriff dafür ist „die Seele". Verlässt also die Seele den Körper, so gibt der Mensch seine koordinierende und steuernde Funktion über seine Organe und Zellen auf, und diese gehen nun ihre eigenen Wege. Trotzdem bleibt der

Mensch ein vollständiges Wesen und lebt weiter. Er erlebt nun eine Lebensphase zwischen zwei Inkarnationen oder Wiederverkörperungen. Wie der Mensch das „in der Zeit" erlebt, übersteigt mein Wissen. So soll hier auch nicht etwas geschildert werden, von dem das Wissen zu mangelhaft ist. Für sehr wahrscheinlich halte ich es trotzdem, dass das Erleben dieser Zeit von dem Menschen selbst abhängt und so wahrscheinlich individuell erlebt wird, und damit höchst unterschiedlich.

Es gibt jedoch Schilderungen von Menschen darüber, die während ihrer Reinkarnationstherapie gewonnen wurden. Diese sollen hier aber nicht weiter ausgebreitet werden. Jeder daran interessierte Leser hat ja die Möglichkeit, sich mit diesem Stichwort weiter kundig zu machen und so sein eigenes Bild zu formen.

Die Qualität der Zeit.

Unsere Diskussion über Zeit wäre unvollständig, ohne die *Qualität der Zeit* als eine ihrer zentral wichtigen Eigenschaften anzusprechen. Es ist nämlich eine natürliche Folge der Gesetzmäßigkeit der Polarität, dass der Zeit außer ihren *quantitativen Aspekten* genauso *qualitative Eigenschaften* innewohnen müssen.

Obwohl die Qualität der Zeit als eine ihrer grundlegenden Eigenschaften heute vielen Menschen nicht mehr so bewusst ist, war dieser Zusammenhang den Menschen früher sehr gegenwärtig. Deshalb war es unter anderem auch die Aufgabe des Ratgebers eines Mächtigen, die „Gunst der Stunde" für ein geplantes Unternehmen herauszufinden. Plante der König beispielsweise einen Krieg, so wollte er diesen möglichst zu einer Zeit beginnen, die dieser Unternehmung förderlich war. Hier betreten wir wieder einmal das Gebiet der Astrologie oder anderer Techniken der Prognose. Deshalb war früher ein „Ereignishoroskop" eher wichtiger als das heute geläufige Geburtshoroskop. Beide beschäftigen sich aber mit qualitativen Eigenschaften der Zeit und ihre quantitativen Aspekte treten in den Hintergrund. Als Hilfsmittel wurde also beispielsweise die Konstellation der Urprinzipien befragt, die zu einem bestimmten Zeitpunkt günstiger für das geplante Unternehmen war als früher oder später. Diese qualitativen Aspekte der Zeit erlebt aber auch jeder von uns in seinem Leben z. B. als „Pech- oder Glückssträhne". Zu bestimmten Zeiten tritt ein Unglück halt mit höherer Wahrscheinlichkeit ein als zu einer anderen. Das Gleiche gilt für freudige Ereignisse.

Es soll hier ausdrücklich festgehalten werden, dass solche Häufungen den qualitativen Eigenschaften der Zeit zuzurechnen sind und nicht dem so oft bemühten „Zufall". Der Zufall wird ja auch von der Wissenschaft ins Spiel gebracht, und zwar in Fällen, bei denen *die Gesetzmäßigkeit unbekannt ist, die tatsächlich das Geschehen bestimmt.* So hat die Physik keinen Maßstab um Qualitätseigenschaften der Zeit zu messen. Sie nimmt den Zufall zu Hilfe, um Vorgänge plausibler erscheinen zu lassen, die sie nicht tiefer versteht.

Kann ein Mensch diese Zusammenhänge auch für sich selbst als gültig akzeptieren, so kann er in der Astrologie ein elegantes Hilfsmittel finden, sein Leben besser zu verstehen und auch zu meistern (als Ergänzung verweisen wir hier auch auf die Diskussion auf den Seiten 24 und 25).

Wir schließen hier unsere Diskussion über Subjektivität und Objektivität von Zeit und Raum mit einigen Bemerkungen über unser subjektives Erleben von Raum.

Wie erleben wir Raum als Individuum?

Es dürfte unmittelbar einleuchten, dass hier unser persönlicher Bezugs- und Erlebnisrahmen angesprochen ist. Dieser braucht Gegenstände, um ein Gefühl für Groß und Klein zu entwickeln. Wir brauchen also Gebäude mit Räumen sowie Pflanzen und Tiere in unserer Umgebung um unsere Größe mit anderen Größen in Beziehung zu setzen. Dabei ist auch unsere eigene Geschwindigkeit und die von Objekten wichtig. Das Erkennen hängt natürlich auch von unserer Fähigkeit zu sehen, hören und zu fühlen ab. Fehlt eine oder mehrere dieser Fähigkeiten, so wird unser Erleben von Raum beeinträchtigt.

Die Hauptrolle für unser Erleben von Raum spielt jedoch unser Bewusstsein. Dieser Punkt wird klarer, wenn wir gedanklich vom Tagesbewusstsein auf unser Bewusstsein im Schlaf umschalten. Im Traum können wir Räume, Bilder, Menschen, Objekte und ihre Bewegungen erleben, ohne dass irgendein äußerer Raum dazu nötig wäre. Nur unser Traumbewusstsein wird benötigt um alles in Szene zu setzen.

Wir sehen, es kommt nicht so sehr auf das Vorhandensein eines „realen Raums" an, sondern auf das, was unser Bewusstsein daraus macht. Unser Raumerleben ist also vorwiegend ein subjektiver Vorgang, der von unserem Bewusstsein gesteuert wird.

Wie ist das nach unserem Tod? Unsere Ansicht ist es ja, der Tod ist nicht das Ende von allem, sondern der Übergang in ein anderes Leben. Im Kontrast zum Diesseitigen Leben nennen wir es das Jenseitige, und seine Existenz ist wie vieles eine notwendige Konsequenz der Polarität und ihrer Gesetze. Dann wird auch im Jenseits unser Bewusstsein unser Erleben von Raum bestimmen und die zeitlichen Abläufe ebenso. Insgesamt ist es also *unser Bewusstsein, dessen Inhalt entsprechend seiner Entwicklungsstufe bestimmt, wie wir die Welt erleben!* Dieser Sachverhalt wird in der hermetischen Esoterik so umschrieben: Die Umwelt ist der Spiegel unseres Bewusstseins. In dieser Sichtweise können wir im außen nichts sehen als das, was unser Bewusstsein davon herausfiltert. Das sind jedoch nicht statische sondern dynamische Vorgänge. Schon Erlebtes kann unser Bewusstsein erweitern und somit auch unsere Sicht der Umgebung. Diese Lernvorgänge verändern deshalb die Welt wie wir sie sehen, und machen sie so hoffentlich immer vollständiger.

Die geschilderten Zusammenhänge sind auch dazu geeignet, zu erkennen, welch ein gewaltiger Schritt es ist, zu den höheren Erkenntnisstufen vorzudringen, die wir am Beispiel Platons darzustellen versuchten.

Wir beenden dieses Kapitel mit einem besonders extremen Beispiel für einen vom Bewusstsein gesteuerten Zeitablauf. Gemeint ist der *Lebensfilm*, den Sterbende erleben können und in dem wie im Zeitraffer ihr ganzes Leben nochmals abläuft. Könnte man die mit einer Uhr gemessene und zum Lebensfilm parallel abgelaufene Zeit vergleichen, so würde man feststellen, dass ein ganzes Leben in wenigen Sekunden vom Bewusstsein dargestellt werden kann.

Eines unserer Kernthemen soll nun weiter vertieft werden, nämlich *Polaritäten und Paradoxa.*

Polaritäten und Paradoxa

Wir beginnen mit Beispielen von Polaritäten, die wir **Grundlegende Polaritäten** nennen wollen. Das sind Polaritäten, die die Grundstruktur unserer Welt bestimmen. Das Ziel wird sein zu zeigen, insgesamt stellen Grundlegende Polaritäten jeweils eine Einheit dar, die letztlich nicht veränderbar ist.

Die prinzipielle Struktur einer solchen Polarität ist hier graphisch dargestellt:

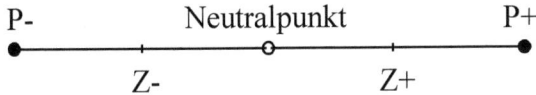

P-   Neutralpunkt   P+

Z-   Z+

Die Struktur einer Grundlegenden Polarität. Vom Neutralpunkt ausgehend befinden sich links und rechts davon meist Zwischenformen Z+ und Z-, die nach außen hin in ihrem Charakter immer extremer werden. In ihrer extremsten Ausformung bilden sie ein Paradoxon P+ und P-, das sich völlig widersprechende Eigenschaften aufweist.

Ein einfaches Beispiel für eine Polarität aus der Physik ist *das Teilchenpaar Elektron und Proton*. Sie haben eine gleich große aber unterschiedliche Ladung.

Elektron   Neutron   Proton

Eine negative   ungeladen   Eine positive
elektrische Ladung   elektrische Ladung

Die Polarität Elektron und Proton

Nimmt ein Proton ein Elektron in sich auf, wird es dadurch zu einem ungeladenen Neutron. In Atomen sind Elektronen und Protonen aneinander gebunden und das Elektron wird dabei nicht vom Proton verschluckt. Die Atome bestehen aus jeweils gleichvielen Elektronen und Protonen. Die Elektronen bilden dabei die Atomhülle. Der Atomkern besteht aus den Protonen und oft noch mehr Neutronen. (vergl. Seite 45 bis 49).

Diesen prinzipiellen Aufbau haben alle die uns bekannten Elemente wie Wasserstoff, Sauerstoff, Kohlenstoff usw., aus denen wiederum alle Materieformen bestehen, die uns näher bekannt sind.

Warum die Polarität Elektron/Proton nicht veränderbar ist, wollen wir nach der Darstellung von zwei weiteren Beispielen für Grundlegende Polaritäten aus dem geistigen Bereich diskutieren. Dort ist die Situation typischerweise komplexer als in der Physik.

Die Polarität Liebe und Hass.

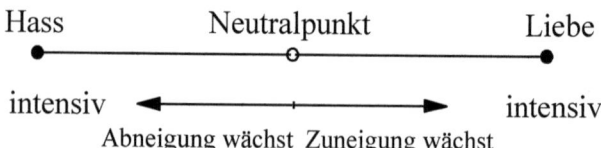

Die Polarität Liebe und Hass

Ausgehend vom Neutralpunkt wächst nach rechts und links Zuneigung und Abneigung. In der intensivsten Ausprägung bilden Liebe und Hass ein sich polar und paradox gegenüberstehendes Paar. Ein gegenseitiges Verstehen scheint unmöglich. Nur das individuelle Bewusstsein hat eine Chance dazu, falls es die folgenden Schritte wirklich gehen kann:

Die prinzipiellen Schritte des Arbeitens mit Grundlegenden Polaritäten:

- Bewusstmachung und Anerkennung des Vorhandenseins der jeweils anderen Seite.
- Anerkennung der Existenzberechtigung der jeweils anderen Seite im Prinzip.
- Gedankliches Durchleben der Situation des anderen Pols in Beispielen. Finden und Zulassen von möglichst stichhaltigen Gründen für dessen Existenzberechtigung.

Diese Schritte gelten für *alle* Grundlegenden Polaritäten aus dem *Geistigen Bereich* und nicht nur für das Beispiel Liebe und Hass.

Ist die *Polarität* durch dieses „Üben" wieder zu einer *vollständigen Einheit* gewachsen, so ist die Konfrontation aufgelöst (dabei ist völlig klar, dass sich diese Punkte viel leichter anführen als tatsächlich durchführen lassen!). Ist es jedoch gelungen, so sieht ein so gereiftes Bewusstsein die Situation Liebe und Hass quasi von oben und mit Abstand. Es nimmt eine höhere Warte oder Erkenntnisstufe ein. Der Weg dahin ist aber weder selbstverständlich noch ein Selbstläufer. Aktive Mitarbeit ist ja gefordert, sich mit etwas kreativ zu beschäftigen, das man zuerst wahrscheinlich völlig abgelehnt hatte. Das gilt für Menschen wie auch für Völker, denn diese setzen sich ja aus Individuen zusammen, die jeweils eine Lebensaufgabe haben.

Bei *Individuen* haben wir Jesus und Buddha als herausragende Beispiele für solch ein gereiftes Bewusstsein schon kennengelernt.

Bei den *Völkern* können wir auch viele Beispiele finden, die sich typischerweise irgendwo in diesem Prozess befinden.

Als ein Beispiel nehmen wir Deutschland und Frankreich. Karl der Große (Charlemagne) formte zuerst ein einziges Land aus diesen Ländern. Es zerbricht jedoch unter seinen Erben und Feindschaft entstand im Laufe der Zeit. Die Partner bekriegten sich über Jahrhunderte wiederholt, bis sich in jüngster Zeit eine Wiederannäherung und gegenseitiges Verstehen innerhalb der Europäischen Union auszubilden begann. Als zweites Beispiel erwähnen wir hier China und Japan, die noch mitten im Prozess der Auseinandersetzung zu stehen scheinen. Wie das Beispiel Mitteleuropa zeigt, kann dieser Jahrhunderte dauern.

Bei menschlichen Individuen kann dieser Prozess Jahrtausende dauern, und es werden viele Leben zur Reifung benötigt. An dieser Stelle kann auch folgendes klar werden: Unser Konzept des Lebens, als im rhythmischen Wechsel der Formen des Seins prinzipiell unzerstörbar, macht *viel mehr Sinn* als „geboren werden, leben, sterben und alles ist vorbei". Im Vergleich zu dieser sinnarmen Vorstellung passt es einfach besser! Jesus kam nicht aus dem Nichts. Auch Deutschland und Frankreich nicht. Die langlebigen Völker setzen sich aus scheinbar kurzlebigen Individuen zusammen. Dabei ist der Wandel und die Veränderung letztlich immer stärker als die Tradition. Letztere kann in sublimierter Form trotzdem lange weiterleben. Wandel ist jedoch nicht vermeidbar und jedes sich ihm Widersetzen zieht unweigerlich Prügel nach sich. So sind auch Prügel nicht vermeidbar. Der Wandel sollte mit der maximal möglichen Vernunft gestaltet werden.

Wir haben bisher als Beispiele „echte" oder Grundlegende Polaritäten genommen. Es gibt auch weniger wichtige oder sekundäre Polaritäten. Wir bleiben aber bei den Grundlegenden, und betrachten als nächstes Polarität Leben und Tod.

Die Polarität Leben und Tod.

An diesem Beispiel soll nochmals gezeigt werden, sie erfüllen unser Grundkonzept: Grundlegende Polaritäten sind zusammengenommen etwas Vollständiges, eine Einheit. Diese lässt sich nicht aufspalten oder etwas von ihr abtrennen, ohne dass dies schwerwiegende Folgen nach sich zöge. So ist Individuelles Leben ohne Individuellen Tod nicht existenzfähig, das heißt, eine inkarnierte Lebensform wäre unmöglich.

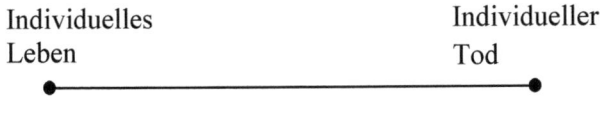

Individuelles
Leben

Individueller
Tod

Die Polarität Leben und Tod

Von Individuellem Leben für inkarniertes Leben sprechen wir aus ganz bestimmten Gründen. Es gibt auch noch Leben ganz unabhängig von Individuen. Darauf kommen wir aber erst später zu sprechen.

Lebewesen folgen so einem rhythmischen Wechsel der Formen seines Seins. Lebendig sein ist für uns ja eine selbstverständliche Erfahrung. Die andere Form des Seins, wie wir die Phase nach dem Tod nennen wollen, entzieht sich meist unserer Erfahrung, die uns während einer Inkarnation zugänglich ist.

Nahtoderfahrungen

Es gibt jedoch viele Menschen, die schon beinahe in diese zweite Phase bei einer sogenannten *Nahtoderfahrung* eingetreten sind (NTE oder NDE = Near Death Experience im Englischen).

Diese Menschen schildern diese Erlebnisse als sehr intensiv, bewusst und deutlich. Sie schließen die Möglichkeit eines Traums völlig aus. Übereinstimmend sagen sie, sie wollten eigentlich gar nicht zurück, denn sie fühlten sich dabei meist sehr wohl. Aus bestimmten Gründen mussten sie aber zurück.

Kennzeichnend für die Schilderungen dieser Personen sind die folgenden Punkte:

- Der beinahe Tod wurde sehr bewusst erlebt.
- Ein Verlassen des eigenen Körpers trat ein und dieser und die Umgebung wurde aus dieser neuen Warte genau gesehen.
- Dieser Zustand wurde als leicht, weich und wie fliegen empfunden.
- Sie näherten sich einem intensiven Licht, das sie wie magisch anzog.
- Dieses Licht wird als alles erfüllend und schattenlos geschildert.
- Eine Person hat sie dort empfangen. Oft war das ein(e) Verwandte(r), aber auch Bekannte und Freunde kommen in den Berichten vor.
- Eine Berührung mit dieser Person wird als deutlich gefühlt beschrieben, und das trotz der scheinbaren Körperlosigkeit.
- Oft gibt diese Person gedanklich übertragene Informationen, und meist ist „deine Zeit ist noch nicht gekommen, Du musst nochmal zurück", dabei.
- Über ihr Zeitempfinden befragt, schildern diese Menschen es meistens als zeitlos.
- Sie kehrten dann in ihren alten Körper zurück.
- Wieder bei normalem Bewusstsein ist es eine häufige Feststellung, sie hätten durch dieses Erlebnis jegliche Angst vor dem Tod verloren.

Gemessen an der Gesamtbevölkerung ist die Häufigkeit solcher Nahtoderfahrungen erstaunlich. Studien ergaben, ungefähr jeder zwanzigste Mensch hat schon eine NTE gehabt!

Und es gibt noch ein weiteres Forschungsgebiet, das noch viel weiter in dieses „Sein nach dem Tod" vorgedrungen ist. Gemeint ist die *Reinkarnationstherapie*. Dabei werden Menschen in frühere Leben *zurückgeführt*, und sie machen konkrete Aussagen darüber (Name, Wohnort, Familie, Umgebung usw.).

Interessierten Lesern sei hier zur Vertiefung das Internet unter dem Stichwort Reinkarnationstherapie empfohlen, da auch bei diesem Thema eine detaillierte Diskussion hier unseren Rahmen sprengen würde.

Jedenfalls ist die Vorstellung von Reinkarnation als Abfolge von verschiedenen und einzeln erlebten Leben für viele Menschen eine Selbstverständlichkeit. Es gibt jedoch zugegebenermaßen auch viele, die das für unmöglich halten. Bezeichnenderweise haben auch sie eine sehr feste Meinung, obwohl sich die meisten gar nicht ernsthaft mit diesem Gebiet beschäftigt haben. Es ist hier ein wenig wie bei der Homöopathie und bei der Astrologie. Besonders Menschen, die sich gar nicht mit diesen Gebieten beschäftigt haben, sind der festen Überzeugung, Homöopathie wirke nicht heilend, und Astrologie sei Hokuspokus. Wir haben hier aber nicht die Absicht sie zu überzeugen. Gegen Windmühlen zu kämpfen ist ein sinnloses Unterfangen.

Teil2. Weiterführendes und Schlussfolgerungen
Polaritäten und Paradoxa. Leben und Tod

Nun kehren wir zurück zu der wichtigen Frage:

*Warum können Grundlegende Polaritäten nicht
verändert werden?*

Beginnen wollen wir mit unserem ersten Beispiel, das aus der Physik kam. Dort bildete das Teilchenpaar Elektron und Proton die Basis für die Atome, wobei positiv geladene Protonen zusammen mit Neutronen den Atomkern aufbauen. Der Kern wird umschwirrt von gleichvielen negativ geladenen Elektronen, wie es Protonen im Atomkern gibt. Das Atom ist somit insgesamt ungeladen oder neutral. Dabei ist die die Hülle der Elektronen im Durchmesser gesehen typischerweise zehntausendmal größer als der Atomkern. Sie enthält jedoch nur ungefähr 0,05 Prozent der Masse des Atoms. Wir stellen uns nun vor, man könnte aus dieser *Grundlegenden Polarität Elektron und Proton* die Elektronen entfernen und ganz zum Verschwinden bringen (was zum Glück unmöglich ist). Nach dem fiktiven Entfernen der Elektronen blieben positiv geladene Atomkerne zurück, die sich gegenseitig abstoßen und sich deshalb möglichst weit voneinander entfernen würden. Ihre Masse wäre mit 99,95 % fast immer noch so groß wie die Gesamtmasse der Atome vorher. Sie wären aber nicht mehr aneinander gebunden, würden auseinander streben, und alle Materie, wie wir sie kennen, hätte sich aufgelöst, und wäre ihrer vorherigen Form und Struktur verlustig gegangen. Auch die Erde, die Planeten, die Sterne, wir selbst und die anderen Lebewesen, hätten sich aufgelöst.

*Deshalb kann die Grundlegende Polarität Elektron und
Proton nicht verändert werden!*

Bei dem Beispiel der Grundlegenden Polarität von *individuellem Leben und individuellem Tod* von Menschen, Tieren und Pflanzen ist das Ergebnis ähnlich. Ohne individuelles Leben kein individueller Tod. Jedoch gilt auch: Ohne den individuellen Tod und das durch ihn eingeleitete „zweite Sein" wäre kein individuelles Leben möglich!

Die Gültigkeit der ersten Aussage ist leicht nachvollziehbar. Entfernen wir probeweise das individuelle Leben, so fällt natürlicherweise auch der individuelle Tod weg und die Polarität Leben/Tod ist verschwunden. Die Polarität ist jedoch symmetrisch: Entfernen wir den individuellen Tod, so gibt es auch kein individuelles Leben. Von der Polarität kann nicht eine Hälfte entfernt werden, und ein willkürlicher Eingriff hat Rückwirkungen. Das nennen wir deshalb

Die Gesetze der Grundlegenden Polaritäten:

1. *Eine Grundlegende Polarität besteht aus zwei sich ergänzenden Seiten, die zusammen eine Einheit bilden.*

2. *Es ist unmöglich, von der Polarität eine der beiden Seiten zu entfernen, und dabei die andere Seite weiterhin bestehen zu lassen.*

3. *Macht man die Polarität durch einen willkürlichen Eingriff asymmetrisch, so werden Prozesse in Gang gesetzt, die ihren Urzustand letztlich wiederherstellen.* (Gilt für geistige Polaritäten).

Der *Schöpfer* als *urschöpfende Einheit* hat nach seinem Bilde die Welt erschaffen und somit auch die von uns vorgefundenen Grundlegenden Polaritäten. Diese sind ein

Abbild vom ihm und somit Einheiten. Sie können deshalb nur Qualitäten enthalten, die sich jeweils zu einer Einheit ergänzen. *Sie sind wie er etwas Vollständiges und können deshalb nicht willkürlich verändert werden, ohne dass dies Rückwirkungen hätte, die die Wiederherstellung der Grundlegenden Polarität erzwingt.* Das ist der tiefere Grund, warum unsere Welt diesen Gesetzen der Grundlegenden Polaritäten unterliegt und das begründet auch die Vollständigkeit unserer Welt.

Obwohl wir schon vor der expliziten Formulierung dieser Gesetze Begründungen für ihre Gültigkeit geliefert haben, soll das hier weiter vertieft werden. Die Bedeutung der Gesetze kann kaum übertrieben werden, und ihre Auswirkung für uns Menschen ist wirklich so grundlegend, wie der Name sagt.

Den meisten Lesern dürften schon die bisherigen Begründungen ausreichen, um das erste und das zweite Gesetz akzeptieren zu können. Sie wirken wie eine Selbstverständlichkeit, und das sind sie auch. Wohl kaum jemand wird das für das Weltbild der Physik bestreiten wollen, und dem Beispiel *Elektron/Proton* lassen sich viele weitere hinzufügen, was in einem späteren Exkurs auch erfolgen wird.

Das erste und das zweite Gesetz ist jedoch auch in der Welt des Geistigen relativ einfach akzeptierbar, und dem obigen Beispiel *individuelles Leben/ individueller Tod* werden später ebenfalls weitere folgen.

Bei dem dritten Gesetz ist die Lage etwas komplexer und es bezieht sich ja besonders auf das geistige Gebiet. Bei der Physik ist auch hier leicht einsehbar: Man kann ein Elektron *nicht teilweise entfernen*, denn es kommt nur in seiner elementaren Form mit einer ganz bestimmten Masse, Ladung und Spin vor. Das gilt genauso für andere physikalische Polaritäten wie Teilchen und Antiteilchen, der Ladung Positiv und Negativ, sowie dem positiven und negativen Spin von Teilchen. Es sind allesamt Größen, die einen genau festgelegten Wert besitzen, und diese sind deshalb *nicht ein wenig veränderbar*.

Viel schwerer fällt es vielen Menschen, das dritte Gesetz auch für die geistige Welt als gültig zu akzeptieren, und dann auch noch diesem Gesetz entsprechend zu handeln, um Leid möglichst überflüssig zu machen. Wir sind es einfach zu sehr gewohnt, aus einer vorgefundenen Polarität das uns Angenehme gerne anzunehmen, das als negativ empfundene Unangenehme jedoch abzulehnen. Dabei unterstützt uns unser Ego auch noch kräftig.

Ablehnung bewusst und ohne Abgrenzung sowie unbewusst und mit Abgrenzung

Der entscheidende Punkt dabei ist nun, ob dieser Vorgang der Ablehnung **bewusst und ohne Abgrenzung erfolgt**. Dann ist die Daseinsberechtigung von beispielsweise Krieg nicht dadurch untergraben, dass man Frieden bevorzugt. Man ist dann für Frieden, akzeptiert dabei jedoch die Existenzberechtigung von Krieg. Die Grundlegende Polarität Krieg und Frieden bleibt dann unverletzt.

Ganz anders ist die Lage, wenn die Ablehnung des Krieges **unbewusst und mit Abgrenzung erfolgt**, und Krieg damit „nicht sein darf". Dann ist dessen Existenzberechtigung untergraben, und die Polarität Krieg/Frieden ist verletzt. Die Polarität wird dann mehr Krieg erzeugen müssen, um dem damit übergewichtigen Frieden das Gleichgewicht zu halten!

Der Krieg ist dann „in den Schatten des so handelnden Menschen gefallen" (der Begriff Schatten ist hier nach Carl Gustav Jung als etwas dem Menschen unbewusst Gewordenes verwendet, das er ablehnt, und das deshalb in seinem Schatten gelandet ist). Die auf diese Weise abgelehnten Bereiche sind damit aber nicht aus der Welt verschwunden. Sie sind dem Menschen nur nicht mehr bewusst und bilden seinen Schatten. Dort toben sich die damit verbundenen Energien dann aber auch unbewusst aus. Der Mensch hat sie dann nicht für sich als wirksam zulassen und erkennen können. In seinem Inneren sieht er die Energien des Krieges nicht mehr, und muss sie deshalb im Außen erleben und erleiden. Wohin er auch schaut, er wird im Außen vorwiegend den Krieg sehen, den er in sich nicht zulassen wollte. Das Außen wird zum Spiegel seines Inneren, und in seinem Inneren ist ja der ihm unbewusst gewordene Krieg in seinem Schatten. Wenn er Krieg im Außen sieht, wird ihn das *sehr stören,* denn er hat ihn ja abgelehnt und sein Existenzrecht verdrängt. Er wird sehr dazu neigen aufzurüsten, und mehr Krieg ist langfristig die Folge. Zeitlich sind diese Vorgänge nicht als prompte Sofortreaktionen zu sehen. Mehr oder weniger Zeit wird benötigt, aber mehr Krieg wird so nicht verhindert.

Das kann nur dadurch gelingen, dass man die *Existenzberechtigung des Krieges* doch **bewusst akzeptiert**, und die Haltung der Gegner auch. Diese werden so immer besser verstanden. Der Gegner „merkt" das, reagiert, und die ersten Schritte zu mehr Frieden werden möglich.

Der alle überragende Mensch, der diese Zusammenhänge am besten verstanden hat, war Jesus Christus. Sein Rat „Liebet Eure Feinde", „segnet die Euch Fluchen" und „tut wohl Denen, die Euch hassen", ist das wirksamste Mittel um Konflikte abzubauen, und Kriege überflüssig zu machen. Wenn es uns nur leichter fiele, seinen Rat anzunehmen und auch praktisch anzuwenden! Seine Art von Liebe erweist sich als das wirksamste Mittel, um Hass abzubauen. Diese Liebe stellt die

Existenzberechtigung von Hass nicht in Frage. Im Gegenteil, sie akzeptiert ihn, geht auf ihn zu und verwandelt ihn.

Jesus hielt auch Sünde nicht für vermeidbar, was aber fatalerweise die Kirche später zu lehren begann. Sein Denken passt auch exakt zu einer Welt mit polarem Aufbau und den damit verbundenen Gesetzen dieser Polaritäten. Deshalb sagte er zu den Pharisäern: „Wer von euch ohne Sünde ist, der werfe den ersten Stein" (in der Steinigungsszene mit der Ehebrecherin).

Deshalb hat die Kirche mit ihrer Entscheidung die Schattenbildung der Gläubigen leider sehr gefördert. Als Konsequenz wurde sie deshalb intolerant bis hin zu Inquisition und Hexenverfolgung. Das ist auch der Grund, warum der Zölibat zu Missbrauch von Abhängigen geführt hat, worunter die Kirche bis heute selbst leidet. Sünde ist somit prinzipiell nicht vermeidbar, und das, weil beide Seiten der Polarität von jedem Individuum durchlebt werden müssen.

Betrachtet man unsere Herkunft, so gehört Sünde als etwas Selbstverständliches und Unvermeidbares zu uns Menschen, seit wir die Einheit mit dem Schöpfer im Paradies verlassen mussten, und zwar wegen der wohl jedem bekannten damaligen Vorgänge. Diese *Absonderung* aus der Einheit ist die *Ursünde* und Sünde ist somit unvermeidbar.

Die Konsequenz aus unserer Diskussion ist ja, dieses Durchleben der Polaritäten sollte möglichst bewusst und ohne Ablehnung geschehen.

Das Arbeiten mit dem eigenen Schatten

Für uns Menschen ist es somit besonders wichtig, *die Problembereiche, die zusammen unseren Schatten bilden, Stück für Stück zu erkennen, **obwohl** sie uns unbewusst geworden sind!* Der zweite Schritt ist dann, diese Probleme aus ihrer Problemhaftigkeit zu erlösen. Wie kann das gehen?

Das beste Werkzeug dazu ist, *die Umwelt als Spiegel zu verwenden.* Falls wir etwas bemerken, das uns im Außen stört, müssen wir dies erstens als Tatsache akzeptieren (das ist noch relativ einfach). Schwieriger ist es schon zuzulassen, dass wir dabei einen Problembereich in unserem Inneren entdeckt haben. Wenn wir ihn aber sehen, ist er uns schon nicht mehr ganz unbewusst. Der nächste Schritt ist dann die Erlösung des Problems durch aktives Suchen und Finden von Gründen, die die Existenzberechtigung des vorher Abgelehnten möglichst gut untermauern. Damit stellen wir Schritt für Schritt die Vollständigkeit der Grundlegenden Polarität selbst wieder her und erlösen das Problem. Bei dem Beispiel Krieg - Frieden machen wir uns Schritt für Schritt bewusst, warum Krieg nötig sein kann und welche positiven Neugestaltungen er zur Folge haben kann (bei dem schon früher diskutierten Beispiel 2. Weltkrieg war das unter anderem die Neugestaltung und Einigung Europas). Wie weit wir auf unserem Weg schon vorangekommen sind, können wir leicht daran ablesen, wie sehr uns Krieg immer noch stört. Man sieht, der Weg kann lang sein und er ist mit Stolperfallen bestückt.

Liebe ohne und mit Abgrenzung

Ein Einwand, der bei dieser Diskussion vorgebracht werden kann, ist, die hier geschilderten Zusammenhänge seien zu sehr Schwarz-Weiß dargestellt, und somit unzulässig vereinfacht worden. Deshalb soll nun am Beispiel Liebe/Hass die der Polarität innewohnende Komplexität tiefer erläutert werden.

So soll nicht nur die von Jesus Christus gelehrte Art der Liebe erläutert werden, sondern auch andere Formen der Liebe. Seine Liebe zeichnet sich ja durch die Besonderheit aus, eine bewusst handelnde Liebe ohne jegliche Abgrenzung und Ablehnung zu sein. *Deshalb* hat sie das große Potential, *Hass zu verringern*, denn sie handelt ganz innerhalb der Polarität und tastet diese nirgendwo verletzend an.

Das ist jedoch bei vielen anderen Formen der Liebe nicht so. Wir nehmen hier als Beispiel eine stark ausgeprägte Liebe zur eigenen Religion, die aber *mit Abgrenzung und Ablehnung von anders Denkenden verbunden ist.* Diese sind natürlich ebenfalls Gläubige, werden dann aber nicht mehr als solche wahrgenommen. Das Ego der so Denkenden verschärft noch die Situation. Dann werden die Anderen leicht als Ungläubige abgestempelt, und das Christentum und der Islam haben das auch zur Genüge getan. In den Extremen ging und geht das so weit, dass diese Ungläubigen abgeschlachtet werden dürfen! Das wird dann von manchen dieser so Gläubigen auch noch als *gute Tat im Sinne der eigenen Religion gepriesen, für die auch noch eine Belohnung im Himmel oder Paradies versprochen wird!* Wir sehen, unter solchen Vorzeichen ausgeübte „Liebe" *erzeugt fast automatisch auch Hass.* Die Perversion dieser Liebe ist offensichtlich.

Teil2. Weiterführendes und Schlussfolgerungen
Liebe ohne und mit Abgrenzung

Der Terrorist wird aber in zweifacher Hinsicht vergebens auf die Jungfrauen im Paradies hoffen: Erstens hat Allah solche „Belohnungen" auf keinen Fall vorgesehen, und zweitens kommt der Terrorist erst gar nicht in das Paradies. Auch ein so handelnder Christ kommt keinesfalls in den Himmel. Auf beide wartet ein ganz anderes Schicksal: Sie werden das negative Karma, das sie durch ihr Handeln gesetzt haben, in weiteren Leben wieder einlösen müssen.

Der wesentliche Unterschied der hier verglichenen Arten von Liebe ist deshalb, ob sie mit ***Abgrenzung, Ablehnung und Unbewusstsein handeln, oder nicht!***
Das ist also die Konsequenz des dritten Gesetzes der Grundlegenden Polaritäten. Das **Wie** der Ausübung der Liebe ist das Entscheidende.

Im Folgenden wollen wir uns noch einer besonderen Form der Liebe zuwenden, nämlich der Hassliebe.

Die Hassliebe

Mit unserem Wissen um die Gesetzmäßigkeiten von Polaritäten wollen wir uns also einer auf den ersten Blick verblüffenden Form der Liebe zuwenden. Gemeint ist die *Hassliebe*. Zeitlich gesehen pendelt hier das Gefühl zwischen dem Zustand Liebe und Hass hin und her. Man hat diese Form einer polar wechselnden Gefühlsbeziehung oft bei Menschenpaaren vorgefunden, die sich in starker gegenseitiger Abhängigkeit befinden, wie beispielsweise bei Mutter und Kind. Für einige Zeit ist hier die Abhängigkeit nicht einfach auflösbar. Als Voraussetzung für Hassliebe ist vielleicht leicht einsehbar: In der Paarbeziehung muss gleichzeitig eine starke Anziehung *und* Abstoßung wirksam sein. Auch bei Ehepaaren oder Freundschaften kann es so etwas geben. Wie können diese sich scheinbar gegenseitig ausschließenden Gefühlszustände besser verstanden werden?

Die anziehende Wirkung für ein Kind kann von einer übermächtig erscheinenden Mutter ausgehen, die aber auch sehr attraktive Seiten hat. Diese hält sozusagen „die Fäden in der Hand" und das Kind muss mitspielen. Sie wird vom Kind aber auch bewundert, vielleicht auf Grund besonderer Fähigkeiten, ihrem Aussehen, und weil sie mit dem besonders geliebten Vater verheiratet ist (wir sehen hier die Beziehung mit den Augen des Kindes, das zwischen Hass und Liebe pendelt). Die Mutter erlebt fast nie den gleichen Gefühlswechsel, sondern sie ist sehr irritiert, falls beim Kind wieder eine Umpolung von Liebe zu Hass eintritt, ohne dass sich ihre eigenen Gefühle sehr geändert hätten.

In der Mehrzahl solcher Fälle führt das trotzdem nicht zur Ausbildung einer Hassliebe, und Mutter und Kind erleben dann eine relativ intakte stabile Liebesbeziehung, obwohl die Beziehung von der Mutter dominiert ist. Was bewirkt dann aber bei den wenigen Fällen von Hassliebe den Umschalteffekt?

Es muss ein Ereignis gegeben haben, das von der Mutter gelebt wurde, das jedoch dem Kind extrem unpassend und fremdartig erschien. Es war auch noch sehr intensiv, und konnte im Oberbewusstsein des Kindes nicht zugelassen werden. Deshalb hat es diesen Eindruck verdrängt, weil er in seiner Kindeswelt „nicht sein durfte". Der Eindruck hat damit das Etikett „böse" erhalten. Er ist im Schatten des Kindes gelandet und ist deshalb dem Kind nicht mehr bewusst.

Immer dann jedoch, wenn seine Mutter durch ihr Verhalten diesen Eindruck erneut für das Kind entstehen lässt, besteht die Gefahr, dass das Kind auf Hass umpolt, denn es kann ihn nicht ertragen. Er darf nicht sein, da er böse ist. Die Liebe des Kindes verwandelt sich in Hass.

Es sollte unmittelbar einleuchten, dass der konkrete Grund für einen speziellen Fall in dieser allgemeinen Diskussion nicht benannt werden kann. Wir können nur sagen, es muss ihn gegeben haben, und ein fähiger Therapeut hat dann eine Chance, ihn auch aufzufinden.

Da nun der Hasszustand von Zeit zu Zeit wieder in Liebe umpolt, muss es noch einen zweiten Eindruck geben, der auf Grund seiner Intensität das Kind stark genug anstößt, um dadurch zu dem eigentlich ersehnten Zustand Liebe zurückzufinden.

Es wäre nun die Kunst des Therapeuten, den ersten Auslöser für die Wandlung von Liebe in Hass zu finden. Dann müsste er einen Weg finden, der es dem Kind gestattet, dieses Ereignis als nicht böse in seinem Oberbewusstsein wieder zuzulassen. Dann wäre dieser Bereich des Schattens des Kindes aus seiner Problemhaftigkeit erlöst, und der Hass des Kindes auch.

Es hätte dann das Existenzrecht des ersten Eindrucks anerkannt. Dieser gehört dann ganz natürlich zu seiner Mutter und muss deshalb nicht mehr verdrängt werden.

Die geschilderten Vorgänge sollen nun auch noch grafisch visualisiert werden. Wir verwenden ein Bild, das an den Tunneleffekt in der Physik erinnert. Dort kann ein Teilchen durch Tunneln auch zwei stabile Positionen einnehmen, was ihm aus klassischer Sicht eigentlich nicht erlaubt ist.

Man sieht, es gibt die beiden für sich stabilen Zustände Liebe und Hass, und der Wechsel von einem zum anderen wird durch die intensiven Ereignisse ausgelöst.

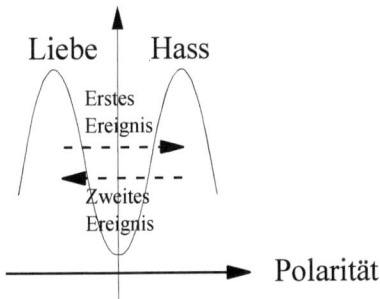

Visualisierung der Gefühlszustände
und der Vorgänge bei der Hassliebe

Das ist also die Hilfe, die unser Wissen über Polarität anbieten kann. Es muss etwas Auffindbares geben, das das Potential besitzt, das Krankhafte aus der Mutter-Kind Beziehung zu erlösen und damit zu heilen. Das ist doch ein respektables Ergebnis für etwas so schwer Verständliches wie Hassliebe.

Leben Diesseits und Leben Jenseits

Als Konsequenz der obigen Diskussion der Polarität *Individuelles Leben und Individueller Tod*, macht es Sinn, diese Polarität umzubenennen. Da der Tod eines Individuums in eine zweite Phase des Seins einmündet, sagen wir nun: *Leben Diesseits und Leben Jenseits*.

Es gibt nun viele Grundlegende Polaritäten, von denen wir ein paar in einem Exkurs auflisten wollen. Für sie gilt natürlich dasselbe wie oben ausgeführt. Es ist hoffentlich nicht notwendig, sie jetzt hier alle einzeln zu besprechen. Aber einige werden uns wieder begegnen.

Exkurs 5: Beispiele Grundlegender Polaritäten aus dem geistigen Umfeld und aus der Physik

Leben Diesseits und Leben Jenseits
Liebe und Hass
Gut und Böse
Körper und Seele
Freiheit und Gesetzmäßigkeit (Determiniertheit)
Gesund und Krank
Ego und Schatten

Subjekt und Objekt
Innen und Außen
Form und Inhalt

Teilchen und Antiteilchen
Felder Elektrisch und Magnetisch
Sauer und Basisch
Ladungen Positiv und Negativ
Energie und Materie
Punkt und All

Teil2. Weiterführendes und Schlussfolgerungen
Leben Diesseits und Leben Jenseits

Da die Polarität *Leben Diesseits - Leben Jenseits* gerade für uns viel Sprengkraft bereithält, erscheint es hier angebracht, dieses Thema etwas weiter zu vertiefen. Es geht darum, einige Vorgänge dieser Lebensphasen etwas besser herauszuarbeiten, um das Verstehen zu erleichtern. So erinnern wir uns meist nicht direkt an frühere Leben und an die Zwischenphasen im Jenseits. Deshalb sind viele Menschen der Meinung, diese Phasen gäbe es in Wirklichkeit gar nicht.

Aus diesem Grund stellt sich hier explizit die Frage:
Warum erinnern wir uns meist nicht an frühere Lebensphasen?

Ein wichtiger Punkt ist, beim Tod stirbt nicht nur der *Körper* eines Menschen, sondern auch sein *Ego*. Dessen Sicht der Welt entfällt nun weitgehend, und die überlebende Seele des Menschen wird nicht immer weiter mit der „Halbsicht" seines früheren Egos neu belastet. Es ist wie eine Befreiung der Seele in zweifacher Hinsicht. Menschen mit Nahtoderfahrungen und Menschen bei Reinkarnationstherapien schildern ihre Freude, nun aus dem Körper befreit zu sein und dass früher vorhandene negative Gefühle andern gegenüber wie weggefallen waren (dies stützt die obige Aussage über das Ego). Die Seele des Menschen, die wir auch sein Gesamtbewusstsein nannten, erlebt nun eine Art Ruhe- oder Ausgleichsphase. In Rückführungsexperimenten von T. Dethlefsen und anderen schildern die Probanden eine nichtmaterielle Bilderwelt, die dem erworbenen Reifegrad angemessen erscheint und so sehr individuell und unterschiedlich geschildert wird. Schöne Landschaften kommen vor, aber nach einem Leben voller Macht und Grausamkeit gibt es auch Berichte über sehr unangenehme Jenseitsphasen (für uns ist hier nicht der Platz, dies weiter zu vertiefen und wir verweisen hier auf die Bücher von T. Dethlefsen, Dr. Moody und anderen).

Ist dann durch Wiederverkörperung eine neue Lebensphase mit einem Körper eingeleitet, so kann das zwar als Neustart gesehen werden, der aber nicht aus dem Nichts kommt. Der Mensch bringt sein Bewusstsein und so seinen Reifegrad mit in das neue Leben, kann aber seine früheren Fähigkeiten nicht einfach von neuem ausüben. Er hat weder einen Körper noch ein Gehirn, die schon entwickelt sind. Er muss seine neue Umgebung Schritt für Schritt erst *neu begreifen*. Das ist einem langsamen Erwachen ähnlich. Parallel dazu bildet sich sein neues Gehirn aus, der Körper wächst und neue Fertigkeiten werden gelernt und ein- und ausgeübt. Die neuen lösen die alten Fertigkeiten ab und so werden letztere immer unwirklicher und vergessen (Beispiel: Neue Sprache; ist die Sprache dieselbe wie in dem vorangegangenen Leben, liegt der Fall anders). Diese Vorgänge führen zu einer Neuausbildung der Sicht der neuen Welt und damit auch zu einem neuen Ego. Das alte Ego ist wirklich verschwunden und das kann leicht an der von Vorurteilen freien Art der Kinder abgelesen werden, die sie zeigen, bevor das neue Ego dies wieder zu verändern beginnt. Um das neue Ego kommt das Kind jedoch nicht herum, denn es wird zum Zurechtfinden und zur Durchsetzung in der neuen Welt benötigt.

Auch wenn sich ein Kind in einer frühen Phase noch an alte Fähigkeiten erinnern mag, sie können nicht ausgeübt werden und verlieren sich in der Erinnerung mehr und mehr und verschwinden so aus dem Tagesbewusstsein. Auch früher gesprochene Sprachen gehen so weitgehend verloren, während die Sprache der neuen Umgebung immer besser und vollständiger angewendet wird. Insgesamt wird dabei die alte Realität von einer neuen abgelöst.

All diese Vorgänge sind auch deshalb notwendig und unverzichtbar, damit der Mensch überhaupt erst eine

Chance hat, seine neue Lebensaufgabe mit einiger Aussicht auf Erfolg anzugehen. Wie wir auf den Seiten 24 bis 25 darlegten, ist diese Aufgabe auch durch das Geburtshoroskop charakterisiert. Der Mensch hat dafür Talente mitbekommen, aber auch Stolpersteine, die das Erreichen des Ziels hinausschieben mögen. So hat jeder Reifungszyklus seine eigenen Freuden und Schmerzen.

Die Situation eines Heranwachsenden ist deshalb keineswegs ohne Konflikte! Altes wird von neuen Eindrücken unterdrückt und abgelöst. Verluste und Ohnmachtsgefühle werden erlebt. Ein eigentlich viel höher entwickeltes Lebewesen muss mindestens vorübergehend „kleinere Brötchen backen". So kann ein Kind im Innersten wissen, zu Großem befähigt zu sein, und kann es trotzdem nicht einfach und sofort ausleben. Gefühlsstau und Frustration sind mögliche Folgen.

In dem einen Fall mag das auf Grund der mitgebrachten Talente konstruktiv durchlebt werden. Ein stabiler Mensch ist die Folge. Die Querschläge können jedoch in einem anderen Fall zu Instabilität bis hin zur Schizophrenie führen. Dann dominiert Spaltung in der Persönlichkeit und sie zeigt ein widersprüchliches Gesicht. Auch kann hier verständlich werden, dass der Blick bei manchen Menschen eher nach innen gerichtet erscheint, bei anderen jedoch eher nach außen (Stichwort: Introvertiert und extrovertiert).

Der Mensch erlebt vielerlei Einflüsse von außen, die das Bild verkomplizieren. Hilfreiche Erlebnisse passieren und manche sind schädlich. Wichtige Bezugspersonen aus seiner Familie und Freunde helfen den neuen Weg zu finden, können in manchen Fällen aber auch hemmen.

Typischerweise im Alter von 3 bis 7 Jahren führt das Erstarken des neuen Egos zu der allseits bekannten Trotzphase des Kindes. Nun hat sich das Kind im Wesentlichen von seinem „alten Leben" abgenabelt. Es will sich nun unter einem neuen Vorzeichen in seiner Welt behaupten.

Doch ob es will oder nicht, immer neue Reifungsschritte stehen an. In den ersten Lebensjahren sind diese oft von sogenannten „Kinderkrankheiten" begleitet. Soweit diese nicht extrem gefährlich sind, sollte man sie geschehen lassen, um die anstehende Reifungsphase nicht zu unterdrücken. In gefährlichen Fällen kann man es den Eltern jedoch schwerlich verdenken, wenn sie zu Hilfen wie Impfungen greifen.

Das Ego bildet sich weiter aus und es erlebt in der Pubertät eine weitere und umfassende Prüfung. Die Abgrenzung des Egos wird gewaltsam aufgesprengt! Das Ego ist damit nicht einfach verschwunden, denn die Öffnung ist beschränkt auf eine Einzelperson. Doch gibt die Liebe zu dieser Person, und eine Verschmelzung mit ihr im Orgasmus, einen Vorgeschmack auf das eigentliche, aber sehr weit entfernte Ziel: Das Verschmelzen in die Einheit mit dem Schöpfer, das jedes Ego letztlich gänzlich verlöschen lassen wird. Geschwinde kann das nicht gehen, denn die Einheit des Schöpfers umfasst so viele Untereinheiten, die bezüglich aller ihrer sich widerstrebenden Pole durchlebt werden sollen und müssen. Hat man dies begriffen, so kann man auch die Sehnsucht vieler Menschen verstehen, die endlos erscheinende Kette von Reinkarnationszyklen zu beenden. Das ist aber nicht einfach wähl- oder wünschbar. Für Buddhisten ist dies das Eingehen in das Nirwana, in die Nichtexistenz. Für andere Religionen ist es die Auflösung in die Einheit mit dem Schöpfer, die beispielsweise mit dem Wort Paradies umschrieben wird. Wie wir schon früher ausführten, ist diese Einheit für uns in der *Ex*istenz befindliche Menschen nicht vorstellbar. Die Worte „Nichts", „Alles", „Punkt" usw. mussten herhalten, um die Unmöglichkeit dieser Vorstellung zu umschreiben.

Es gibt sehr viele Phasen unterschiedlicher Art im Leben. Sie müssen hier nicht alle detailliert diskutiert werden, da sie dem Leser geläufig sein werden. Von Schule über Beruf, Heirat und Partnerschaften gibt es deren viele. Sie werden auch durch schwierige Abschnitte wie Krankheit und Unglück unterbrochen. Freudige Ereignisse wie Liebe, Kinder, Freundschaften und so weiter, helfen auch, den Weg zu finden. Die Krise in der Lebensmitte fragt an, ob es das schon war und was noch wichtig sein könnte. Immer wieder gibt es Umwandlungen. Über Menopause, Berufsende, Verluste wichtiger Bezugspersonen und schwächer werdendem Körper altern wir und das unausweichliche Ende dieses Lebens rückt näher.

Insgesamt lehrt uns so das Leben, es ist immer in Bewegung und läuft in unterschiedlichen Phasen und Rhythmen ab.

Das gilt sogar ganz generell für alles was wir auf der Welt vorfinden: Alles schwingt und verändert sich in rhythmischen Zyklen. Das soll im Folgenden weiter vertieft und wir beginnen mit dem Paar Licht und Finsternis.

Der Rhythmus des Lebendigen

Licht und Finsternis

Bei Licht und Finsternis denken vielleicht viele, es handele sich dabei um eine Grundlegende Polarität. Dieser Meinung bin ich jedoch nicht, denn bei genauem Hinsehen erweist sich Licht als völlig unabhängig von der Finsternis. Verschwände Finsternis, so bliebe Licht davon völlig unbeeinflusst. Als Konsequenz kann man einen erhellten Raum nicht durch „Eingießen von Finsternis" abdunkeln. Licht beseitigt jedoch Finsternis.

Das Gesetz der Grundlegenden Polaritäten lautete ja, *eine solche Polarität kann nicht verändert werden*. Auf Grund der obigen Aussagen ist Licht/Finsternis also keine Grundlegende Polarität, denn man kann die Finsternis entfernen, ohne dass dadurch Licht beeinflusst werden würde. Finsternis wird aber sozusagen dazu benötigt, damit Licht leichter als etwas Eigenständiges wahrgenommen werden kann.

Das Polare liegt im Licht selbst begründet, in seinem inneren Aufbau. Hier erweist es sich sogar in zweifacher Hinsicht als polar.

Erstens ist es der sogenannte Dualismus *Welle und Korpuskel* als das es uns entgegentritt, je nach der Art und Weise, wie wir es beobachten. Dabei erscheint es immer *entweder* als Welle *oder* Korpuskel, aber nie als beides gleichzeitig. Beobachten wir Beugungs- und Interferenzerscheinungen, so lassen sich diese am besten beschreiben, wenn wir Licht als ein Wellenphänomen sehen. Die klassische Physik beschreibt diese Phänomene richtig. Messen wir aber Stoß- und Streuprozesse mit Licht und Strahlung, so werden diese nur dann verständlich, wenn wir das Licht als Teilchen verstehen, als ein Energiepaket und Photon. Nun brauchen wir die

Physik der Quanten, um diese Phänomene zu verstehen (vergleiche auch Seite 39 bis 41). Die klassische Physik reicht nicht mehr aus. Deshalb ist es auch nicht verwunderlich, dass die Ansichten der Physiker über Licht in der Vergangenheit mehrfach zwischen dem Verständnis, es sei eine Welle, und dem Verständnis von Licht als Teilchen, wechselten. Heute wissen wir, wir benötigen beide Bilder um Licht in allen seinen Erscheinungsformen zu verstehen, *obwohl* diese beiden Bilder sich gegenseitig auszuschließen scheinen.

Die zweite polare Eigenschaft von Licht ist seine Schwingungsform als elektro-magnetische Welle, wobei die im Licht enthaltene Energie dauernd zwischen diesen beiden Energieformen ausgetauscht wird. Diese Aussage gilt ganz allgemein für Strahlung, ist also nicht auf sichtbares Licht begrenzt. Der Energieaustausch geht beim Licht sehr schnell vonstatten und ist von seiner Farbe, das heißt seiner Frequenz, abhängig. So tauscht beispielsweise grünes Licht diese Energieformen 500 mal eine Million mal eine Million mal in der Sekunde aus (in der Mathematik drückt man das auch als „ $5x10^{14}$ pro Sekunde" aus). Grünes Licht zeigt somit diesen schnellen rhythmischen Wechsel der beiden Energieformen.

Bei der Frage Licht und Polarität ist also unsere beste Antwort: Licht ist selbst eine Grundlegende Polarität!

Ergänzung durch eine Aussage der Physik der Relativität: Das „Raum-Zeit Intervall" von Licht ist Null! D.h. eine Raum-Zeit Strecke, die es zurücklegt, gibt es für Licht nicht. Das bedeutet für Licht, wie es sich sozusagen selbst erlebt, gibt es weder Zeit noch Raum. In diesem Bild fliegt es also nicht durch den Raum und braucht Zeit dazu. Aus unserer Sicht ist es aber so. Licht selbst erlebt sich aber raum- und zeitlos, und es ist deshalb immer in der Einheit mit dem Schöpfer. Für uns stellt es somit eine Brücke zum Schöpfer dar. Diese Brückenfunktion des Lichts erfassten auch die meisten Religionen. Sie brachten diese Funktion zum Beispiel durch den Heiligenschein zum Ausdruck.

Bei *rhythmischen Wechseln zwischen zwei Zuständen*, die sich so nach bestimmten Zeiten jeweils wieder einstellen, sind wir bei einem sehr wichtigen Punkt angelangt. Er gilt nicht nur für Licht und Strahlung, sondern ist für alles wichtig, was auf unserer Welt existiert. So wollen wir im Folgenden zeigen, er gilt nicht nur für die (scheinbar) unbelebte materielle Welt, sondern auch für alles, was eindeutig und nachgewiesenermaßen lebt. Deshalb ist dieses Kapitel mit „Der Rhythmus des Lebendigen" überschrieben. Alles, und somit auch alles Lebendige, unterliegt einem rhythmischen Wechsel, bei dem sich polar ergänzende Zustände abwechseln. Dabei gibt es zwar große Unterschiede in der Schnelligkeit, doch das Muster ist überall das Gleiche. Die Schnelligkeit des rhythmischen Wechsels überdeckt ein riesiges Spektrum, das nur in Beispielen angedeutet werden kann. Das soll nun versucht werden.

In dem *rhythmischen Wechsel von Leben im Diesseits und im Jenseits* haben wir ja schon im vorausgegangenen Kapitel ein Beispiel kennengelernt, und das eben diskutierte Verhalten von Licht zeigte einen irrwitzig schnellen Wechsel seiner energetischen Zustandsformen.

Es sollen also Beispiele für Rhythmen des Lebendigen folgen.

Kontinentaldrift und die Lebenszyklen der Sterne

Ein sehr viel langsamer ablaufender Rhythmus kann in der Drift der Kontinente auf unserer Erde erkannt werden. Diese Drift führt über sehr lange Zeit betrachtet zu einem Zustand, in dem alle Kontinente in einem einzigen Großkontinent vereinigt sind (Stichwort: Gondwana). Dann beginnt dieser Großkontinent zu zerbrechen und die Bruchstücke driften davon, bis sie sich nach langer Zeit wieder zu einem Einheitskontinent vereinigen. Dieser Zeitraum scheint ungefähr so groß zu sein, wie die Sonne braucht, um einmal um das Zentrum der Milchstraße zu rotieren (ca. 300 Millionen Jahre). Zwei solcher Phasen des rhythmischen Wechsels wurden bisher nachgewiesen.

Für manchen Leser mag das etwas wenig sein, um das Rhythmische des Vorgangs zu begründen, doch es gibt Berechnungen, die in ca. 300 Millionen Jahren zu einem neuen Superkontinent zu führen scheinen, der Pangaea Ultima oder Amasien genannt wird. Begreift man die Erde als Lebewesen, wie ich das mache, so liegt auch der Gedanke nicht fern, dass sie selbst diese Vorgänge steuert.

Als ein weiteres Beispiel für langsam ablaufende zyklische Vorgänge nennen wir hier *Geburt und Tod der Sterne*. Hier ist der Rhythmus etwas verschleiert durch die sehr unterschiedlich lange Lebensdauer der Sterne. Die kann nämlich von wenigen Millionen Jahren bis hin zu vielen Milliarden Jahren dauern und hängt wesentlich von ihrer Masse ab: Je größer die Masse desto kürzer ist die Lebenszeit. Die Astronomen sprechen hier von Sterngenerationen, und unsere Sonne wird als Stern der dritten Generation gesehen. Während seines Lebens erzeugt ein Stern höhere Elemente wie Kohlenstoff und Silizium durch Kernfusionsprozesse. Wenn er massereich genug war, entstehen bei seinem Tod während der Explosion als Supernova auch noch Elemente oberhalb von Eisen wie Gold und Uran. Viel davon wird dabei in den Weltraum geschleudert und bildet neue Gaswolken. Diese führen dann oft zu neuen Sternen, die wegen der Anteile an höheren Elementen nun auch Planeten bilden können, wie es in unserem Sonnensystem ja der Fall ist. Zur Planetenbildung braucht es diese höheren Elemente, die ja bei der Bildung der ersten Sterne noch gar nicht vorhanden waren. Da gab es nur Wasserstoff, Helium und etwas Lithium (Vergleiche auch Seite 66, 67 und 79, 80). Als Ergebnis konzentrieren sich die höheren Elemente in den Planeten derart, dass dort eine für den sonstigen Weltraum völlig atypische Dichte entstand. Es ist ein wenig wie auf dem Markt. Wenn man die Vorgänge nicht kennt, die zu einem Markt führen, so scheinen sich dort wie von Zauberhand gesteuert alle Köstlichkeiten zu konzentrieren.

Auch Sterne und Galaxien halte ich für Lebewesen. Nicht umsonst sprechen wir von ihrer Geburt und ihrem Tod. Jeder der das akzeptieren kann, freundet sich dann viel leichter mit dem Gedanken an: Unser Universum als Ganzes ist ein Lebewesen, das seine Lebensvorgänge selbst steuert. Vom Schöpfer als geistiges Produkt geschaffen, ist es in der Lage, seine von den Physikern verwundert und verblüfft zur Kenntnis genommene „Ausbalanciertheit" selbst zu steuern (siehe auch S. 85).

Der Atem

Ein Paradebeispiel für einen rhythmischen Wechsel ist unser *Atem* und der Atem der Tiere. Jeder erlebt während einer inkarnierten Lebensphase seine unmittelbare Abhängigkeit vom Funktionieren dieses Wechsels zwischen Luft aufnehmen und abgeben. Sauerstoff, den Pflanzen durch Photosynthese gebildet haben, liefert uns zusammen mit Nahrung die Lebensenergie. Das Kohlendioxyd, das wir abgeben, ermöglicht wiederum das Leben der Pflanzen und ihre Photosynthese. Aus Kohlendioxyd bilden sie mit Hilfe von Licht und Wasser Zucker. So leben wir also in Symbiose und gegenseitiger Abhängigkeit. Deshalb bilden auch Tiere und Pflanzen insgesamt eine Polarität.

Wachen und Schlafen

Ein schon deutlich langsamer ablaufender Rhythmus sind unsere sich zyklisch abwechselnden *Wach- und Schlafphasen*. Auch dieser Rhythmus ist eine Voraussetzung für unser Leben und das der Tiere.
So sind die beiden angesprochenen Rhythmen, der Atem ein/aus und das Wachen/Schlafen auch Beispiele für Grundlegende Polaritäten. Deshalb können sie nicht beliebig verändert werden, ohne unser Leben zu gefährden.

Leben Diesseits und Jenseits

Aus dem gleichen Grund ist auch der Rhythmus *inkarniertes Leben im Diesseits und das Leben im Jenseits* eine zwingende Konsequenz des Gesetzes der Grundlegenden Polaritäten. Beides muss es geben, und

Teil2. Weiterführendes und Schlussfolgerungen
Der Rhythmus des Lebendigen.
Der Atem. Wachen und Schlafen. Leben Diesseits und Jenseits

wir haben dieses Thema ja schon weiter oben ausführlicher dargestellt. Beide Lebensphasen gehören unveränderbar zum Leben insgesamt. Deshalb und zwingend muss das somit genauso für Tiere gelten und auch Pflanzen wechseln rhythmisch zwischen solchen Lebensphasen.

Alles was individuell lebt, lebt solange es mit dem vom Schöpfer dem Universum mitgegeben Geist in Verbindung bleibt. Über diesen Geist machen wir hier die Aussage: Er ist keine Eigenschaft der Individuen selbst, was ja bei unserem Körper und unserer Seele der Fall ist. Alles was lebt, muss an ihm teilhaben um zu leben. So erweist sich dieser universelle Geist als die Basis des Lebens überhaupt.

Das Grundkonzept des Lebens: Körper, Seele und Geist

Damit sind wir wieder bei unserem Grundkonzept für das Leben angelangt. Es setzt sich aus *Körper Seele und Geist* zusammen (Vergleiche auch die Seiten 25 bis 27). Wie leicht einzusehen ist, ist dabei der Körper etwas Individuelles. Das gilt auch für die Seele, die für uns die Summe des Individuellen Bewusstseins darstellt. Um nun wirklich zu leben, müssen nun beide, Körper und Seele, mit dem universellen und nicht individuellen Geist verbunden sein. Dieser *Geist* kann deshalb auch als *universelles Leben* bezeichnet werden. Wird die Verbindung des Körpers zu dem universellen Leben beendet, so sprechen wir, etwas verkürzt ausgedrückt, vom Tod des Menschen. Auch die oberste Instanz, die den Körper bisher koordinierte und steuerte, die Seele, gibt ihre Verbindung zum Körper dabei auf und verlässt ihn. Er nimmt nun nicht mehr am Leben des Menschen teil, und die Bestandteile des Körpers, die Organe, Zellen und die übrigen Ingredienzen wie Wasser, Salze usw. sind ihrer Eigengesetzlichkeit überlassen. Die Zersetzung des Körpers ist eingeleitet.

Die Seele verlässt den Körper, gibt aber dabei ihre Verbindung zu dem universellen Leben nicht auf. Der Mensch lebt ohne seinen bisherigen Körper weiter. Er ist sozusagen den Ballast losgeworden, zu dem der Körper sich entwickelt hatte. Davon befreit erlebt der Mensch nun eine nicht körperliche Lebensphase. Diese kann als eine Phase der Ruhe gesehen werden, in der sich die Reifungsschritte der letzten inkarnierten Lebensphase sortieren können. Der Mensch lebt nun in einer Bilderwelt, die seinem bisher erworbenen Reifegrad angemessen ist. Diese Aussagen ergeben sich aus den Rückführungsexperimenten von Dr. Moody,

T. Dethlefsen und anderen, in denen die Menschen ihre Eindrücke schildern, die sie in solchen Lebensphasen hatten. Diese Lebensphasen werden deshalb ganz individuell und unterschiedlich erlebt. Je nach dem erreichten Reifegrad werden angenehme Landschaften geschildert, aber auch unangenehme Welten voller Gefahren kommen vor.

Diese Menschen schildern den Vorgang, der diese Lebensphase wieder beendet, meist als ein wie in einen Wirbel eingesaugt zu werden um sich danach als Embryo im Bauch der nächsten Mutter wiederzufinden. Dieser Zustand wird meist als sehr angenehm geschildert und mit Worten wie warm, klein, schwebend usw. charakterisiert. Der Mensch hört und fühlt mit den Sinnen seines Seelenkörpers (Wir verweisen hier auf die Diskussion „Astralleib" ein paar Seiten später). An dieser Stelle kann klarwerden, wie förderlich eine frohe Erwartung von Mutter und Vater für das Gedeihen des künftigen Geborenen wirken können. Gute Gespräche und Musik helfen dabei.

Leider müssen aber auch viele Embryonen Untersuchungen erleiden, und Abtreibungsversuche werden bekanntermaßen sehr häufig unternommen. Der Mensch überblickt, was im nächsten Leben auf ihn zukommen wird, und was von ihm gefordert werden wird. Das kann für den Embryo wie ein Berg von Lasten aussehen, und manche wollen dieses „Schicksal" nicht erleiden. Deshalb wehren sich manche gegen das Geboren werden, beispielsweise durch das einnehmen einer Steißlage. Die Verantwortung für das als Last empfundene Schicksal muss jedoch von jedem Menschen selbst getragen werden, denn er hat diese Last durch seine eigenen Taten in seinen Vorleben angehäuft

(Stichwort: Karma). Das Schicksal ist aber sehr geduldig und bietet deshalb beliebig viele Versuche an, diese Selbstverantwortlichkeit zu erkennen und auch tatsächlich anzunehmen.

Ist die Geburt gut verlaufen und der erste selbstständige Atemzug erfolgt, kann man das deshalb als einen guten Start der nächsten inkarnierten Lebensphase sehen.

Im Folgenden wollen wir den Zustand von Seele und Bewusstsein ohne Inkarnation nochmals näher betrachten. Das wird zu einer Erweiterung unseres Grundkonzepts Mensch führen.

Die Seele und ihr Astralleib

Wir haben die Gesetze der Polarität als Werkzeug
angewendet und es hat uns zu wichtigen Erkenntnissen
verholfen. Eine war die Wirklichkeit des Lebens im
Jenseits als das polare Gegenstück zu unserem
inkarnierten Leben im Diesseits. Wir wollen nun auch bei
der Seele versuchen, das Gesetz der Polarität als
Werkzeug anzuwenden.

Wenn nun nach dem Tod die Seele als Summe unseres
Bewusstseins den Körper verlassen hat, so scheint
unserer Seele in diesem Zustand eine Unvollständigkeit
anzuhaften. Wer oder was ist nun ihr Körper, den das
Gesetz der Polarität eigentlich zwingend fordert? Das
Bewusstsein ist ja ein rein geistiger Inhalt, und zu diesem
muss es als Folge des Polaritätsgesetzes auch eine Form
geben. Diese Form kann man genauso als Körper oder
Leib der Seele bezeichnen. Sie muss ihn also auch nach
dem Verlassen des weltlichen Körpers noch haben!

Der Leser ahnt vielleicht schon, dass wir hier auf einen
Leib zu sprechen kommen, den die Menschen der
Historie als *Astralleib* bezeichnet haben. Diesen auf den
ersten Blick vielleicht eigenartig erscheinenden Namen
fanden sie, weil sie im Mikrokosmos Mensch eine
Entsprechung des Makrokosmos, des Universums, sahen.
So hat uns das Polaritätsgesetz zu der Existenz eines
Leibes der Seele geführt, den die Alten auch schon als
vorhanden sahen.

Was muss man sich nun unter einem Astralleib
vorstellen? Den Namen übernehmen wir einfach und
fragen zuerst nach den Konsequenzen des Gedankens der
Entsprechung von Mensch und Kosmos, wenn dieser
ernst genommen wird. Die Erkenntnis der Alten bedeutet,

das Universum, der geordnete Kosmos, war für sie ein Lebewesen, weil wir selbst Lebewesen sind! Dann ist aber das **Universum** *von seinem eigenen* **Geist** *bestimmt und gesteuert.* Es entwickelt sich deshalb gesetzmäßig und entsprechend dem Plan des Schöpfers. Plötzlich haben wir eine neue Sicht unseres Universums, die weit über die Materie hinausgeht, die die frühere Wissenschaft als einziges im Universum sah. Dass sie dabei wenig Geist sah, hängt mit ihrer Vorgehensweise zusammen, die nur reproduzierbar Messbares als zu ihrer Wirklichkeit gehörend zuließ. Geist war nicht messbar, also wurde er ausgeblendet. Die Gültigkeit der wissenschaftlichen Erkenntnisse über Materie bleibt davon unberührt, sie benötigt aber Ergänzungen.

Eine Tatsache ist, viele der großen Wissenschaftler waren auch gläubige Menschen. Als Beispiel zitieren wir den bekannten Spruch Albert Einsteins, der sich auf die Ordnung der Welt bezieht: „Gott würfelt nicht". Für ihn gab es also den „Zufall" nicht. Das soll noch ergänzt werden durch eine Aussage von Max Planck über Materie:
„Und so sage ich nach meinen Erforschungen des Atoms dieses: *Es gibt keine Materie an sich.* Alle Materie entsteht und besteht nur durch eine Kraft, welche die Atomteilchen in Schwingung bringt und sie zum winzigsten Sonnensystem des Alls zusammenhält. Da es im ganzen Weltall aber weder eine intelligente Kraft noch eine ewige Kraft gibt….- so müssen wir hinter dieser Kraft einen *bewussten intelligenten Geist* annehmen. *Dieser Geist ist der Urgrund aller Materie.* Nicht die sichtbare, aber vergängliche Materie ist das Reale, Wahre, Wirkliche - denn die Materie bestünde ohne den Geist überhaupt nicht , sondern der unsichtbare,

unsterbliche Geist ist das Wahre! …..So scheue ich mich nicht, diesen geheimnisvollen Schöpfer ebenso zu benennen, wie ihn alle Kulturvölker der Erde früherer Jahrtausende genannt haben: *Gott!*"

Max Planck empfand somit die Welt der physikalischen Erkenntnisse keineswegs als ein Gefängnis, das Geistiges ausschließt. Das wollen wir noch durch ein zweites Zitat untermauern:

"*Religion und Naturwissenschaft*, sie schließen sich nicht aus, wie manche heutzutage glauben oder fürchten, sondern *sie ergänzen und bedingen einander*. Wohl den unmittelbarsten Beweis für die Verträglichkeit von Religion und Naturwissenschaft auch bei gründlich-kritischer Betrachtung bildet die historische Tatsache, dass gerade die größten Naturforscher aller Zeiten, Männer wie Kepler, Newton, Leibniz von tiefer Religiosität durchdrungen waren."

Diese Zitate der berühmten Wissenschaftler sind hier auch deshalb ganz bewusst eingefügt, weil sie exakt die in diesem Buch vertretene Ansicht wiedergeben. Unser Weltbild ist ja geprägt durch das *sowohl als auch*. Das heißt, eine vollständige Welt benötigt beides, Wissenschaft und Geist, um ein Verständnis ihres inneren Aufbaus sowie ihrer Gesetze und Zusammenhänge zu ermöglichen.

Doch nun zurück zum Astralleib der Seele vor und nach dem Tod. Es muss ihn also geben, und er ist für uns mindestens genauso wichtig, wie unser Körper, den wir während einer Inkarnation auch noch haben. Ein wichtiger Unterschied der beiden Körper ist, dass beim Tod die Verbindung von Seele und inkarniertem Körper beendet wird, während die Verbindung von Seele und Astralleib *immer* erhalten bleibt. Erhalten bleibt auch die

Teil 2. Weiterführendes und Schlussfolgerungen
Der Rhythmus des Lebendigen.
Die Seele und ihr Astralleib

Teilnahme der Seele am Leben, d. h. ihre Verbindung zu Geist und Leben bleibt für uns dauerhaft erhalten. Unser *inkarnierter Körper* beendet bei *seinem Tod* jedoch auch die Verbindung zu Geist und Leben. Auf sich allein gestellt tut er nichts mehr, wenn man von wenigen rudimentären Funktionen absieht, wie Weiterwachsen von Nägeln und von Haaren für eine kurze Zeit. Er wiegt aber noch genauso viel wie vorher, und er hat also keinen „materiellen" Verlust erlitten. Doch die Koordination und Steuerung durch das Bewusstsein ist beendet, und die Zellen und übrigen Strukturen gehen ihrer Eigengesetzlichkeit nach. Die Verwesung setzt ein.

Teil2. Weiterführendes und Schlussfolgerungen
Der Rhythmus des Lebendigen.
Geist, Seele, Astralleib und Körper

Da somit der Astralleib in jeder Lebensphase anwesend ist, müssen wir unser **Grundkonzept Mensch** erweitern zu *Geist, Seele, Astralleib und Körper*.

Geist, Seele, Astralleib und Körper

Nun sind sich aber viele Menschen nicht einmal sicher, ob sie eine Seele haben, und für sie muss der Astralleib dieser Seele dann noch unwirklicher sein.

An dieser Stelle muss man daran erinnern, dass wir uns während einer inkarnierten Phase häufig nur mit unserem Oberbewusstsein, mit unserem Ego und mit unserem Körper identifizieren. Wir blenden dann sonstige *auch* zu unserer Wirklichkeit gehörende Wesenheiten aus. Das ist dann einem Eisberg nicht unähnlich, von dem man über Wasser nur etwa 10% des Ganzen sieht.

Die Identifikation mit unserem Oberbewusstsein, mit unserem Ego und mit unserem Körper kann dann das Vorhandensein der Seele und des Astralleibs quasi in das Unbewusste schieben und deshalb kann es uns dann so scheinen, als ob sie gar nicht vorhanden wären.

Dann aber ist der Tod ein zu recht befürchtetes endgültiges Ende. Diese Furcht ist dann auch wirklich begründet, denn das Ego und der Körper müssen ja wirklich sterben!

Doch es gibt neben dem Wachen auch noch das Träumen und Schlafen. Das kann helfen, mehr als Wirklichkeit zuzulassen als nur Oberbewusstsein, Ego und Körper.

Bei der Frage nach der Zusammensetzung unserer Welt aus Geist und Materie scheint mir eine neue Sicht erforderlich. Einige Gründe, die das nahelegen, sollen im Folgenden nochmals umrissen werden.

Menschen, die sich mit dem Astralleib beschäftigen, verwenden oft den Begriff „feinstofflich", um seine Konsistenz anzudeuten. Damit soll gesagt werden, es ist keine herkömmliche Materie, aber doch ein Leib. Dieser etwas holperige Begriff soll nun näher angeschaut werden. Stofflich aber nicht materiell ist jedenfalls nicht ohne weiteres akzeptierbar. Denkt man materiell, so kann man feinstofflich dort nicht praktisch anwenden, denn die bekannten Gesetze der Materie versagen bei feinstofflich. Sie führen dort zu keinen Ergebnissen und Aussagen. Denkt man geistig, so ist der Begriff stofflich zu hinterfragen. Was ist dann Stoff?

Die geistige Welt aus der Sicht der Hermetik

Die Situation verlangt förmlich nach einer neuen Sicht! An dieser Stelle bieten wir unsere Sicht der Welt als grundlegend geistig an. Wie in der **Hermetischen Philosophie** ausgedrückt, besteht dabei *die Welt nur aus Geist und seinen Schwingungen*, die sich im Grad oder in ihrer Frequenz allerdings extrem unterscheiden können. Deshalb kann man leicht den Eindruck gewinnen, es handele sich dabei um völlig verschiedene Dinge, die also von ihrem Wesen her nichts miteinander zu tun haben. Es ist aber in Wirklichkeit anders: Das eine Ende *scheint uns materiell zu sein*, das andere *geistig,* obwohl es sich immer um Geist handelt, der aber vielfältige Erscheinungsformen hat. Somit gibt es viele Arten von Geist.

Materie, in der *früher* von der Wissenschaft postulierten Art, also raumerfüllend und einem bestimmten Volumen pro Teilchen, gibt es jedoch aus der Sicht der Hermetik überhaupt nicht!

Materie ist ausgefrorener Geist

Wenn wir also beispielsweise ein Stück *Eisen* als Materie wahrnehmen, *das mit Geist nichts zu tun hat*, so behaupte ich hier, *das* stimmt nicht mit unserer Wirklichkeit überein. Auch Eisen ist dann eine der vielen Arten von ausgefrorenem Geist, und die früher übliche Weise, Eisen materiell wahrzunehmen, *stimmt nach hermetischer Sicht nicht mit unserer Wirklichkeit überein.*

Akzeptiert man probeweise diese neue Sicht und wendet das Gesetz der grundlegenden Polaritäten an, so scheint der Gegenpol des Geistes, nämlich die Materie, abhandengekommen zu sein. Das ist aber nicht der Fall!

Denn wir sagen, Geist selbst ist an seinem einen polaren Ende so starr, dass dieser ausgefrorene Geist uns materiell erscheint. Was er uns dort zeigt, ist sozusagen seine kalte Seite.

Wir erinnern hier an die Gedanken, die wir beim *Urknall und der Schöpfung* hatten: Das ursprünglich Geschaffene ist Geist, und von so hohem Schwingungsgrad, dass den Physikern dieser damalige Zustand als extrem heiß erscheint. Das ist die Geistesform, die dem Geist des Schöpfers am nächsten kommt. Direkt vom Schöpfer und aus ihm heraus kommend, ist sie die erste Basis für alles, was sich in der Welt entwickeln wird. Die Entwicklung erzeugt die Illusion der Zeit und sie läuft scheinbar in einem Raum ab. Die Schöpfung in ihrer Ganzheit und Vollständigkeit ist eingeleitet.

Bei der Ausdehnung des Weltalls, und der damit verknüpften Abkühlung und Verdünnung, *flockt aus dem Geist immer mehr uns materiell Erscheinendes aus!* Der

Geist zeigt seine materielle Seite immer deutlicher und strukturierter. Der materielle Pol des Geistes ist geboren. Der Geist ist dort sozusagen in seine materiellen Formen gegossen. Geist ist Leben und gestaltet in seiner Vielfalt somit unsere gesamte Welt. *Es gibt gar nichts Anderes!*

Die gleichen Vorgänge aus der Sicht der Physik stellen wir nebenan in einem Einschub nochmals dar. Der Leser soll angeregt werden, beide Sichtweisen parallel aufzunehmen, um so die Analogie und Unterschiede der Vorgänge besser erkennen zu können.

Exkurs 6: Der Urknall der Physik (s. auch S. 61 bis 71).

Aus einem Punkt heraus kommt mit einem fast unendlich heißen Anfangszustand Energie in die Existenz. Raum, Zeit und Energie sind geboren. Das Ganze dehnt sich aus und kühlt sich dabei ab. In ihrer Sprachweise beschreibt die Physik die Vorgänge danach als eine Aufeinanderfolge von Symmetriebrüchen, die zur Abspaltung der vier Grundkräfte aus einer ursprünglich vereinigten *Ur- oder Grundkraft* führen: Gravitation, starke Kernkraft, elektromagnetische Kraft und schwache Kernkraft kommen so nacheinander in Szene (Geisteskraft kommt dabei nicht vor, und das aus dem schon mehrfach diskutierten Grund der bisher nicht vorhandenen Messbarkeit). Diese Vorgänge werden begleitet von Umwandlungen der Energie in Materie, d. h. gemäß der Einstein´schen Formel entstehen aus der Energie des Anfangs Teilchen. Das sind Quarks, Elektronen, zusammengesetzte Teilchen wie Protonen und Neutronen, Atome wie Wasserstoff und Helium plus Energie in Form von Strahlung. Irrwitzig viele Umwandlungen von Teilchen in andere durch Stöße und Strahlung passieren, bis das aufhört, weil durch die Abkühlung die hierzu benötigten Energien unterschritten werden. Das sich ausdehnende Universum ist entstanden und die Geburt von Sternen und Galaxien wird folgen.

Während diese Entwicklungsschritte ablaufen, sieht die Wissenschaft noch kein Leben. Sie ist vorwiegend der Auffassung, das Leben wird erst später irgendwie entstehen.

Ergänzung: Für alle unteilbaren Teilchen wie Quarks und Elektronen konnte bei den bisher durchgeführten Streuexperimenten keine Größe oder ein wirkliches Volumen nachgewiesen werden. Viele Physiker und auch ich halten deshalb diese elementaren Teilchen für punktförmig und sie haben somit kein Volumen. Trotzdem haben sie Eigenschaften wie Masse, Ladung und Spin! Sie wirken nur über ihre Schwingungszustände so, als ob sie ein Volumen hätten!

Teil2. Weiterführendes und Schlussfolgerungen
Der Rhythmus des Lebendigen.
Übereistimmungen und Unterschiede

Wir kommen nun zu der Diskussion der Übereistimmungen und Unterschiede der eigenen geistesbetonten Sichtweise unserer Welt, und der materiebetonten Sicht der Physik.

Übereistimmungen und Unterschiede
der geistigen Sichtweise und der der Physik

Beide Sichtweisen stimmen darin überein, dass durch die Schöpfung oder den Urknall eine Entwicklung gestartet wurde, die über viele Zwischenschritte zu unserem Kosmos oder Universum führte.

In verblüffender Weise geht diese Entwicklung bei der Physik ganz ohne Geist vor sich, und die Gesetze der Physik beschreiben die Vorgänge, die sie als materielle Vorgänge in unserer Welt erkennt. Diese Gesetze sieht die Physik als beim Urknall dem Universum mitgegeben an. Sie gelten und wirken aber erst nach dem Anfang. Vorher, oder besser, ohne den Urknall und damit ohne Zeit und Raum, sind sie gar nicht da!

Im Kontrast dazu gibt es bei unserer geistigen Sichtweise anfangs nur Geist und dieser gebiert während der Entwicklung neue Arten von Geist. Geist und Leben sind hier somit von Anfang an im Spiel und alles läuft geistesbestimmt entsprechend der Gesetze ab, die der Schöpfer dem Ganzen mitgegeben hat. Hier ist das Universum also ein Lebewesen, das seine inneren Vorgänge selbst steuert und regelt. Das gilt dann natürlich genauso für alle Untergruppen und Bestandteile des Universums: Die Galaxien, Sterne, Planeten usw. sind Lebewesen. Es ist dann letztlich kein Wunder, dass inkarnierte Lebewesen wie wir ein Ergebnis der Entwicklung sind, denn Geist und Leben selbst haben die Entwicklung dann zielgerichtet dorthin gesteuert. Alle geistigen Dinge, die dazu nötig sind, waren schon von Anfang an da, denn der Schöpfer hat sie aus sich heraus seinem Kosmos mitgegeben.

Die Physik muss zuerst ohne dieses Leben auskommen. Trotzdem gelang es ihr, die Vorgänge, die sie als materielle Vorgänge entsprechend den Gesetzen der Grundkräfte ablaufen sieht, mit einer überraschenden Tiefe und Genauigkeit zu beobachten und zu beschreiben. Die Bilder und Aussagen, die sie uns geliefert hat, wären in ihrer Schönheit und Aussagekraft auf rein geistigem Weg nicht einfach auch gewinnbar gewesen. Sie sind also ein wirklicher Gewinn auch für die geistige Sicht der Welt.

Als ein Beispiel hierfür nehmen wir die Eigenschaft *Masse*, die die Physik mit dem Standardmodell der Teilchen verstehbar machte (Vergleiche auch die Seiten 47 bis 62). Das Higgs-Teilchen vervollständigte jüngst dieses Standardmodell der Teilchen, und der von Peter Higgs vorgeschlagene Mechanismus ermöglichte den Physikern erstmals ein Verständnis der *Eigenschaft der Masse von Teilchen* und damit auch der Masse von zusammengesetzten Teilchen. Das heißt, auch die Masse von großen Körpern wie Planeten und Sternen ist damit verstanden. Das war ein großartiger Erfolg der Vorgehensweise der Physik, den die geistige Weltsicht zumindest bislang nicht leisten konnte. Ähnliches gilt für die Eigenschaften des *Lichts und der Strahlung* mit ihrer im Inneren polaren Struktur und dem Dualismus Welle-Korpuskel. Auch die Eigenschaften großer Massen zählen dazu bis hin zu Explosionen von massereichen Sternen in den so genannten *Supernovae* und der Bildung von *Schwarzen Löchern*. Mit diesen und vielen weiteren Erkenntnissen hat die Physik auch die geistesbestimmte Sicht der Welt in großartigster Weise bereichert, wenn dabei auch neue Begriffe wie **Dunkle Materie** und **Dunkle Energie** nötig wurden, die bis jetzt höchstens ansatzweise verstanden sind. Man weiß nur, es muss sie geben (vergleiche auch Seite 74 und 75).

Dunkle Materie und Dunkle Energie neu betrachtet

Wir möchten hier noch darauf hinweisen, dass unser polares Weltbild mit dem Vorhandensein von Dunkler Materie und Dunkler Energie überhaupt keine Probleme hat, denn es fordert geradezu beide als Gegenpol zu Leuchtender Materie und Energie. Was das aber nun genau ist, kann unser Weltbild auch nicht einfach beantworten. Es legt aber nahe, und wir äußern das hier bewusst als Vermutung, dass es sich bei *Dunkler Materie und Dunkler Energie um besondere Arten von Geist* handelt, die als Menge und Masse ausgedrückt ja ca. 95% von allem ausmachen, was wir im Universum vorfinden. Diese Interpretation ergibt sich aus den Aussagen der Hermetischen Philosophie. Sie wird jedoch auch durch die Erkenntnisse der Physik über Elementarteilchen nahegelegt, die diesen Teilchen bisher kein messbares raumerfüllendes Volumen zuordnen kann. Ihre durch Stoßexperimente gewonnene Aussage ist bisher, das Volumen muss kleiner sein als 10^{-16} cm. Falls das Volumen dieser Teilchen nun wirklich gleich null ist, sind sie dann wie Punkte zu sehen, und sie wirken nur über ihre Schwingungszustände so, als ob sie ein Volumen hätten. Es bleiben ihnen aber trotzdem andere Eigenschaften wie Masse, Ladung und Spin! Deshalb gingen wir so weit, diese Teilchen als ausgefrorenen Geist zu bezeichnen, der in dieser Erscheinungsform die kalte Seite der vielen geistigen Formen darstellt.

Belege für Dunkle Materie und Dunkle Energie

Es soll hier im Folgenden dargestellt werden, wo sich in unserem Universum diese dunklen Formen von Materie und Energie bemerkbar machen, um ihr Wesen vielleicht doch etwas besser zu verstehen. Auf den Seiten 74 bis 78 wurde die Zusammensetzung unserer Welt aus der physikalischen Erkenntnis heraus dargestellt und auch die großräumige Struktur unseres Universums. Für den Leser kann es sehr hilfreich sein, diese Seiten nochmals anzuschauen, damit hier nicht alles wiederholt werden muss. Die wichtigsten Erkenntnisse über das Universum waren dort:

1. Über große Entfernungen gesehen, bilden die Myriaden von Galaxien *blasen-oder wabenartige Strukturen* ähnlich wie Schaum, wobei sich die Galaxien an den Wänden dieser ca. 500 Millionen Lichtjahre durchmessenden Blasen angehäuft haben. Innen gibt es nur wenige Galaxien. An den Zonen, wo Blasen sich treffen, aber viele. Sie bilden dort Galaxienhaufen bis hin zu sogenannten Superhaufen, die Tausende von Galaxien enthalten können (s. Abb. Seite 77). Wichtig ist nun: Es gibt keinen physikalischen Weg, diese Blasenstruktur allein mit der Wirkung der Gravitation zu erklären. Deshalb braucht man hier eine neue formende Kraft, und denkt, das könnte die Dunkle Energie sein, von der eine abstoßende Kraftwirkung vermutet wird. Diese Dunkle Energie konnte aber bisher nicht direkt gemessen werden. Ihr Vorhandensein gilt aber aus anderen Überlegungen heraus als gesichert. Ihre mögliche Auswirkung ist durch die sternartigen Pfeile in der Abbildung von Seite 77 angedeutet. Bei

dieser Vorstellung schiebt die Dunkle Energie Galaxien zu Anhäufungen zusammen, und unterstützt dabei die anziehende Wirkung der Gravitation, die die Haufenbildung auch fördert.

2.   Die Galaxien und auch die Galaxienhaufen haben sehr *hohe Eigengeschwindigkeiten*, deren Entstehung auch nicht allein durch die Schwerkraft erklärt werden kann, die die uns bekannte Materie aus Atomen wie Wasserstoff und Helium ausübt.

Dann konnte man nachweisen, dass es in den Haufen ca. 10 mal mehr Masse als die uns bekannte geben muss. Nur durch die anziehende Wirkung dieser nicht sichtbaren „Materie" sind die Anhäufungen der Galaxien verständlicher geworden, und auch, dass diese Haufen wegen der hohen Eigengeschwindigkeiten der Galaxien nicht einfach auseinanderfliegen (falls die Vorstellungen über Dunkle Energie aus Punkt 1 stimmen, würde diese natürlich auch den Zusammenhalt von Haufen fördern, denn sie „schiebt" dann Haufen sozusagen zusammen). Wie Physiker zeigten, hätten sich ohne diese nicht leuchtende und daher Dunkle Materie genannte Erscheinung die Galaxienhaufen auch schon längst wieder aufgelöst! Die nächste Abbildung zeigt in stilisierter Form die Galaxien eines Haufens, die sich mit unterschiedlich hohen Geschwindigkeiten von mehreren 100 Kilometern pro Sekunde bewegen (als Beispiel bewegen sich die Milchstraße und ihre benachbarte Galaxie Andromeda mit ~ 260 Km/Sek aufeinander zu). Man muss sich dabei vorstellen, dass jede dieser Galaxien auch noch von Dunkler Materie umgeben ist.

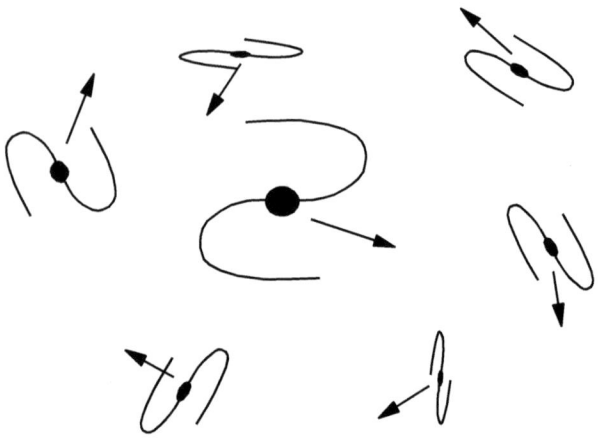

Schematisierte Darstellung der Galaxien eines Haufens. Sie bewegen sich mit unterschiedlich hohen Geschwindigkeiten von mehreren 100 Kilometern pro Sekunde. Deshalb würden die Haufen auseinander fliegen falls nicht sehr viel zusätzliche anziehende Materie in ihnen vorhanden wäre. Deshalb muss in den Haufen zusätzlich zu der sichtbaren Materie ungefähr 10 mal mehr unsichtbare Materie vorhanden sein.

3.   Drittens fand man, dass einzelne Galaxien auch nicht nur durch die Anziehung Normaler Materie, die diese Spiralgalaxien besitzen, stabil bleiben würden. Auch bei ihnen muss es viel Dunkle Materie geben, die in der sichtbaren Galaxie vorhanden ist, diese aber auch noch in einer Größe umgibt, die den sichtbaren Teil ihres Durchmessers um das Mehrfache übertrifft. Das ist durch die Rotationsgeschwindigkeit der Sterne um ihr Zentrum nachgewiesen. Diese nimmt nach außen hin zwar ab, aber um viel weniger, als ihre normale Materie es bewirken würde (das Stichwort für diese Kurvenform ist: Flache Rotationskurven). Das heißt, wären die Galaxien nur mit normaler Materie bestückt, würde diese Geschwindigkeit der Rotation dann viel schneller nach außen hin abfallen, genauso, wie wir es in unserem Sonnensystem bei der Bewegung der Planeten beobachten. Es muss also auch in und um Galaxien im Vergleich zu ihrer Normalen Materie ein Mehrfaches an Dunkler Materie geben, sonst würden sie ein anderes Rotationsverhalten zeigen, und sie wären instabil und schon längst auseinandergeflogen! Diesen Sachverhalt zeigt das nächste Bild.

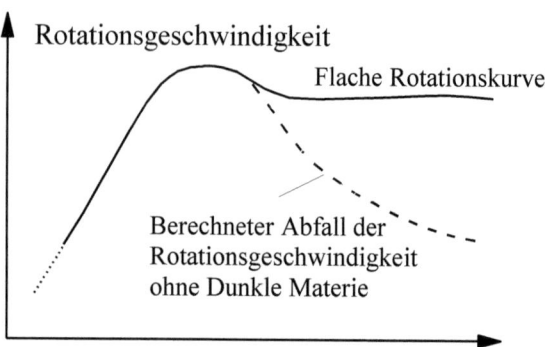

Rotationsgeschwindigkeit der Sterne einer Galaxie in Abhängigkeit von ihrem Abstand zum Zentrum. Diese Geschwindigkeit nimmt viel langsamer ab als man es aus der Anwesenheit von nur normaler leuchtender Materie berechnet hat. Deshalb muss ein Vielfaches an Dunkler Materie auch noch da sein, die die Galaxie und ihre weiträumige Umgebung erfüllt.

Die nächste Abbildung zeigt in stilisierter Weise eine Galaxie, die von Dunkler Materie umgeben ist.

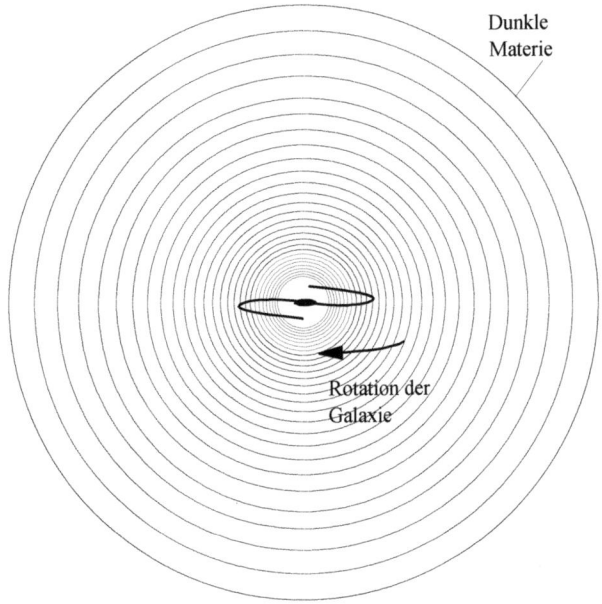

Die Gravitationswirkung dieser Dunklen Materie entspricht einer Masse, die ein Mehrfaches der Masse der sichtbaren Galaxie bedeutet, und diese stabilisiert die Galaxie. Ob die Dunkle Materie so kugelförmig um die Galaxie verteilt ist, wie hier dargestellt, ist unbekannt. Sie könnte auch eine andere Verteilung haben, und es wäre ein großer Erkenntnisschritt, die tatsächliche Verteilung nachzuweisen. Ob die Dunkle Materie auch rotiert, und wie genau, wäre auch eine wichtige Erkenntnis. Es ist zwar wahrscheinlich, dass sie auch rotiert, denn alles, was wir im Universum vorgefunden haben, rotiert. Aber wir wissen es nicht mit Sicherheit. Falls sie rotiert, ist sie wahrscheinlich nicht ganz kugelförmig.

Teil2. Weiterführendes und Schlussfolgerungen
Der Rhythmus des Lebendigen.
Dunkle Materie und Dunkle Energie in der neuen Sicht

Vielleicht sind weitere Erkenntnisse durch den sogenannten *Gravitationslinseneffekt* möglich, denn Massen beugen Licht, das diese Massen passiert. Das Prinzip des Effekts ist in der nächsten Abbildung dargestellt.

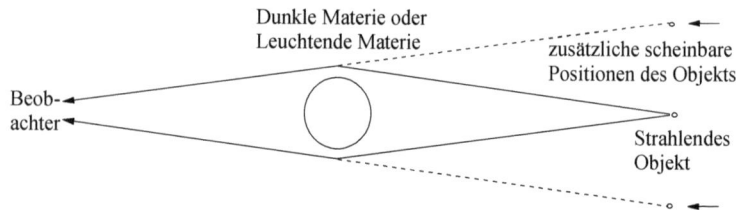

Prinzip des Gravitationslinsen Effekts

Hat die das Licht ablenkende Materie eine komplexe Verteilung im Raum, so sieht der Beobachter auch ein komplexes Beugungsmuster des strahlenden Objekts. Dieses Muster lässt sich aber umrechnen und man kann so die *räumliche Verteilung der ablenkenden Materie* bestimmen. Das wurde mit dem Zentrum eines hochinteressanten Galaxienhaufens namens Abbell 3827 auch kürzlich gemacht. Dort sind vier sich nahestehende Galaxien im Begriff, zusammenzustoßen. Von der Erde aus gesehen, befindet sich weit hinter dem Zentrum von Abbell eine strahlende Galaxie, deren Licht von dieser komplexen Struktur aus vier Galaxien plus deren Dunkler Materie gebeugt wird. Aus Aufnahmen des Weltraumteleskops Hubble waren die Positionen der vier Galaxien bekannt. Deshalb konnten mit dem Beugungsmuster die Positionen der Galaxien *und* die ihrer Dunklen Materie bestimmt und verglichen werden (der Leser kann das Ergebnis im Internet unter Abbell 3827 aufrufen).

Der Leiter der Untersuchung R. Massey sagt zu seinem Befund: We find that each of the central galaxies retains

a dark matter halo, but that (at least) one of these is spatially offset from its stars (Jede der zentralen Galaxien hat einen Halo aus Dunkler Materie, aber mindestens einer dieser Halos zeigt einen räumlichen Versatz).
Sinnvoll darstellen kann ich den Befund hier nur im Prinzip. Für mehr Information muss das Internet bemüht werden.

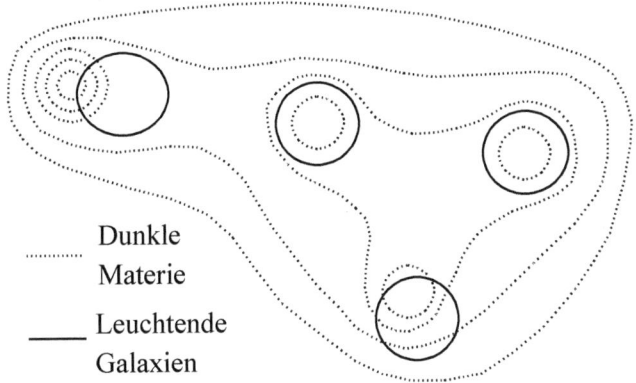

Dunkle Materie

Leuchtende Galaxien

Materieverteilung der Galaxien von Abbell 3827.
Überraschenderweise stimmen die Positionen der Dunklen Materie und der Leuchtenden nicht immer überein.

Der Versatz der Dunklen Materie ist am deutlichsten bei der Galaxie links oben. Bei zwei der Galaxien scheint die Dunkle Materie sehr symmetrisch zu den leuchtenden Sternen angeordnet zu sein. Wir bemerken hier jedoch, dass auch bei ihnen ein Versatz nicht ganz ausgeschlossen werden kann, der dann vor oder hinter der Bildebene liegen würde.
Die Wissenschaftler fragen sich derzeit, ob der Befund auf eine zusätzliche Wechselwirkung zwischen den Massen der Dunklen Materie hinweist, die außer der

Gravitationswirkung auch noch da ist, oder ob es eine andere Erklärung gibt.

Wir sehen aber, insgesamt ist es gar nicht so wenig, was die Physiker und Kosmologen schon bisher über Dunkle Materie (DM) und sogar auch über die Dunkle Energie (DE) herausgefunden haben:

- Belege für ihre Existenz.
- Die Blasen- oder Wabenartige Struktur des Universums ist wahrscheinlich eine Auswirkung der Dunklen Energie.
- Die Stabilität der Galaxienhaufen trotz der vorgefundenen hohen Eigengeschwindigkeiten der Galaxien, und der Haufen selbst, wird durch die Dunkle Materie gewährleistet.
- Das Rotationsverhalten von Galaxien und ihre Stabilität werden ebenfalls durch Dunkle Materie verständlich, die diese Galaxien umgibt.

Der Physik gelang es jedoch bisher trotzdem nicht, aus ihrem eigenen Arsenal heraus Kandidaten ausfindig zu machen, die Dunkle Materie und Dunkle Energie schlüssig erklären könnten. Bei der Dunklen Materie (DM) erklären ihre möglichen Kandidaten ihre Menge und ihre Natur nicht, und bei der Dunklen Energie (DE) ist deren Stärke unverstanden. Bei der DE wird bisher die von der Quantentheorie erkannte Vakuumenergie ins Spiel gebracht. Deren berechnete Stärke ist jedoch *um 120 Größenordnungen zu hoch!* (Das entspricht einer Zahl mit 120 Nullen). Wäre die DE so stark, so würde unser Universum so schnell auseinandergerissen werden, dass „wir nicht mal die Finger unserer Hand am ausgestreckten Arm sehen könnten, weil das von dort ausgehende Licht unser Auge nicht erreichen könnte" (so drückt das der Physiker Harald Lesch in seinem Buch *Kosmologie für helle Köpfe* auf Seite 192 aus). Deshalb haben auch Physiker mit der Erklärung „Vakuumenergie" große Probleme. Ein anderer guter Kandidat wurde aber bisher nicht gefunden.

Die vielen möglichen Kandidaten der Physik für ein Verständnis der Menge der vorgefundenen DM können hier leider nicht im Einzelnen vorgestellt werden, da dies unseren Rahmen sprengen würde. Man weiß, es muss etwas anderes sein, als die uns vertraute Materie, die aus Atomen mit Protonen, Neutronen und Elektronen besteht. Diese kann nämlich Licht aussenden und empfangen, und DM nicht! Wir müssen hier wieder auf das Internet verweisen, oder auf Bücher, wie das schon früher erwähnte „Die Schatten der Schöpfung" von Michael Riordan und David N. Schramm. Wie beispielsweise der Effekt von Gravitationslinsen zeigt, ist DM aber da. Sie leuchtet nur nicht und zeigt auch sonst keine Neigung, eine Wechselwirkung mit Licht zu machen. Sie äußert ihre Anwesenheit bisher nur über ihre anziehende Wirkung.

Mit der gebotenen Vorsicht möchte ich hier auch darauf hinweisen, *dass DM wahrscheinlich nicht sehr dazu neigt, zu „klumpen".* Sie gibt es zwar in großen Mengen um Galaxien herum und in Haufen von Galaxien, sie scheint aber dichte Strukturen analog denen der Sterne, oder gar der Schwarzen Löcher, nicht zu bilden. Täte sie das, so müssten die Schwarzen Löcher der Galaxienkerne zu fast 100% aus DM bestehen! Weshalb nun, klumpt oder konzentriert sich DM nicht so, wie Normale Materie das tut? Beim dichter werden unter der Wirkung der eigenen Gravitation entsteht viel Wärme. Diese baut bei Normaler Materie (NM) durch die schnellere Bewegung der Atome einen thermischen Druck auf, der der

Gravitation das Gleichgewicht hält, genau wie das bei Sternen oder bei der Erde der Fall ist. Soll eine weitere Kontraktion erfolgen, so muss Wärme oder Energie abgestrahlt werden, und NM kann das, weil sie mit Licht und Strahlung wechselwirkt. Sie kann Strahlung aussenden und dabei kühler werden. Bei DM gibt es diesen Mechanismus aber nicht, weil sie gar nicht mit Strahlung wechselwirkt. Aber auch bei DM muss bei einer Kontraktion Energie anfallen und abgeführt werden, um dichter und konzentrierter zu werden. Solche bisher unbekannten Prozesse muss es in einer bestimmten Stärke aber auch bei DM geben, sonst hätte sie sich erst gar nicht bei Galaxien konzentrieren können. Wahrscheinlich sind diese noch unbekannten Prozesse bei DM aber viel weniger effizient beim Abtransport von Energie als dies bei Normaler Materie (NM) der Fall ist, sonst *hätte sich DM ja schon längst mehr konzentriert*, denn es sind ja Unmengen von ihr vorhanden! Das ist aber nicht eingetreten, und so ist die DM über ein viel größeres Volumen verteilt als die NM der sichtbaren Galaxien. Der Grund für die schwach ausgeprägte Neigung von DM, zu klumpen, ist also sehr wahrscheinlich, dass sie die dabei anfallende Energie kaum abführen kann. Das scheint mir eine sehr wichtige eigene Erkenntnis über DM zu sein, und deshalb habe ich dies hier so ausführlich dargestellt.

Soweit die Befunde der Physik und Kosmologie, ergänzt durch ein paar eigene Kommentare. Trotz der beindruckenden Erkenntnisse der Physik über „etwas dunkles", das *anziehend* wirkt, in großen Mengen im Universum vorhanden ist, aber nicht aus Atomen mit Elektronen, Protonen und Neutronen besteht, bleiben Fragen offen. Aus was besteht DM dann? Es gibt vielleicht noch einen weiteren Hinweis, dass DM nicht aus Teilchen unbekannter Natur besteht. Bisher bekannte Teilchen „belegen" über ihre Schwingungszustände ein Volumen. Nun sind bei manchen Galaxien, die auch von DM umgeben sind, sogenannte *Kosmische Jets* bekannt, die von ihrem Zentrum ausgehen, und fast Lichtgeschwindigkeit haben. Diese sind stark gebündelt und bestehen aus Strahlung, aber auch aus Teilchen wie Elektronen. Das ist im nächsten Bild veranschaulicht.

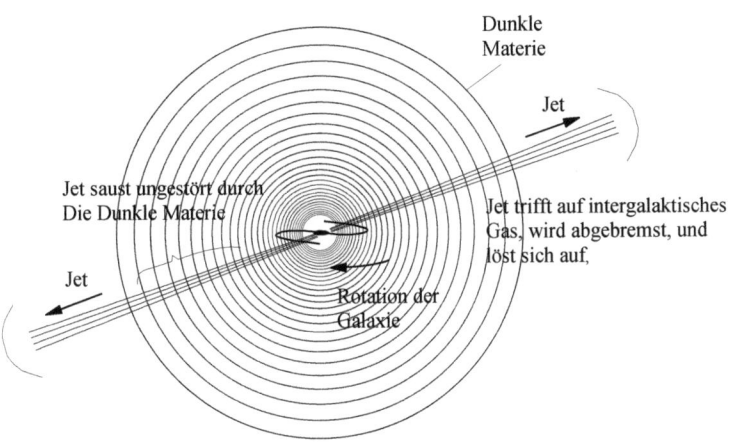

Kosmische Jets sausen ungestört durch die Dunkle Materie einer Galaxie

Bestünde nun DM aus irgendeiner Form von Teilchen, so wäre es verwunderlich, wenn die Teilchen des Jets ganz ohne Wechselwirkung durch die DM „schießen" könnten. Eine Übertragung von Impuls, verbunden mit der Abbremsung der Teilchen des Jets in der DM, wäre wohl nicht vermeidbar. Diese gebremsten Teilchen würden leuchten und Röntgenstrahlung aussenden. Eine solche Strahlung wird aber nicht beobachtet. Deshalb ***besteht DM wohl nicht aus Teilchen***.

Teil2. Weiterführendes und Schlussfolgerungen
Der Rhythmus des Lebendigen.
Dunkle Materie und Dunkle Energie in der neuen Sicht

Die meisten Physiker sind beunruhigt bis konsterniert über die Tatsache, dass das eigene „Arsenal" bisher keine Kandidaten liefern konnte, die DM erklären kann (DM trägt mehr als 25% zur gesamten Masse des Universums bei). Und das Gleiche gilt für die Dunkle Energie (DE), die *abstoßend* wirkt, und noch mehr zur gesamten Masse bzw. Energie des Universums beiträgt (fast 70%). Deshalb bleibt die Frage bestehen:

Warum konnten bisher keine physikalischen Erklärungen für Dunkle Materie und Dunkle Energie gefunden werden, die diese ausreichend erklären?

Meine Meinung ist, der Grund könnte sein, dass die Physik aus ihrem Selbstverständnis heraus nur nach materiellen Kandidaten sucht, oder suchen kann. Das schließt geistige Erklärungen quasi aus. Unser geistiges Weltbild legt es aber nahe, dass Geistesarten bei der Suche einbezogen werden sollten. Die Plausibilität dafür soll nun geprüft werden.

Es leuchtet wohl direkt ein, dass die obigen physikalischen Erkenntnisse auf rein geistigem Weg nicht einfach auch gewinnbar gewesen wären. *Somit brauchen wir beide Wege, Physik und Geist, um ein besseres Verständnis unserer Welt zu erarbeiten.*
Unser geistiges Weltbild lässt die Existenz von Dunkler Materie und Dunkler Energie zu, ja sie fordert sie geradezu als polare Ergänzung zu den leuchtenden Arten von Materie und Energie, aber quantitative Aussagen darüber kann es bisher nicht liefern. Für die Geistige Sicht ist ein besseres Verständnis von insgesamt 95% unseres Universums natürlich genauso wichtig wie für die Physik, und das ist ja auch der Grund, warum diesem Themenkreis hier so viel Platz eingeräumt wird.

Der Rhythmus des Lebendigen.
Dunkle Materie und Dunkle Energie in der neuen Sicht

Wir haben auf Seite 181 die Vermutung geäußert, dass es sich bei *Dunkler Materie und Dunkler Energie um Arten von Geist handeln könnte.* Dieser Schluss entspringt aus unserem Weltbild, das auch durch die *Hermetische Philosophie* geprägt ist. In diesem gibt es nur Arten von Geist, und aus diesen besteht unser gesamtes Universum. Deshalb haben wir auch die von den Physikern gut verstandene „Normale Materie" als *ausgefrorenen Geist* bezeichnet. Diese besitzt eine Masse, und mit ihr stellen Physiker erfolgreich Berechnungen an. Diese Berechnungen bleiben natürlich auch dann richtig und gültig, wenn wir der Normalen Materie hier einen anderen Namen geben!
Wir stellen im Folgenden die alte und die neue Sicht übersichtsartig dar:

Normale Materie   Ausgefrorener Geist

Dunkle Materie   Anziehender Dunkler Geist

Dunkle Energie   Abstoßender Dunkler Geist

Bringt die Umbenennung zusätzliche Erkenntnis? Die neuen Namen erklären das „Dunkle" ja auch nicht genau. Sie machen aber die wichtige Aussage, dass es geistige Natur besitzt, und geben so einen Hinweis darauf, warum sich die Physik mit ihren Versuchen so schwer tut, dieses Dunkle zu verstehen.
Auf viele Leser mögen *die Prinzipien der Hermetischen Philosophie* immer noch etwas fremdartig wirken. Deshalb machen wir im Folgenden den Versuch, diese Prinzipien nochmals konzentriert darzustellen, und das in einer Sprache, die der heutigen Zeit hoffentlich angemessen ist.

Teil2. Weiterführendes und Schlussfolgerungen
Der Rhythmus des Lebendigen.
Die Prinzipien der Hermetischen Philosophie

➢ Der Primat des Geistigen.

Das ist die Aussage, die oberste Kontroll- und Steuerungsinstanz ist überall im Universum geistiger Natur. Daraus folgt, alles was wir im Universum im Einzelnen erkennen können, ist ein Lebewesen. Jedes dieser Lebewesen besitzt ein Bewusstsein und durchläuft zielgerichtete Entwicklungen. Man kann sagen: Das Ziel prägt die Vergangenheit.

➢ Das Prinzip der Analogie oder Entsprechung.

Es bedeutet „Wie oben, so unten" und natürlich auch „Wie unten so oben". Anders ausgedrückt zeigt sich hier das Prinzip des Zulassens, das „Sowohl als auch". Die Folge ist, überall wirken dieselben Gesetze und das hat auch die Physik mit ihren Erkenntnissen eindrucksvoll bestätigt. Somit ist die Welt „Aus einem Guss" und vollständig.

➢ Die Gültigkeit der Kausalität.

Hier ist das Schlagwort „Wenn dann", und es handelt sich um das Prinzip von Ursache und Wirkung. Das sieht die Physik ganz genauso, und dieses Prinzip bestimmt die Richtung von Entwicklungen. Hier prägt die Vergangenheit die Zukunft.

➢ Alles was es gibt hat eine polare innere Struktur.

Diese Tatsache und ihre Konsequenzen ist ja das Thema dieses Buches. Das ist einer der wichtigsten Schlüssel zu einem verbesserten Verständnis unserer Welt. Kombiniert man die Polarität mit der aus der Analogie erschlossenen Vollständigkeit unserer Welt, so ergibt das ein sehr mächtiges Werkzeug, das das hier erschlossene und dargestellte Weltbild entstehen lässt.

Teil2. Weiterführendes und Schlussfolgerungen
Der Rhythmus des Lebendigen.
Die Prinzipien der Hermetischen Philosophie

> ➤ **Alles schwingt und bewegt sich.**

Mit ihren Erkenntnissen über die Welt der Teilchen und über das Universum insgesamt, unterstützt die Physik die Aussage der Schwingung und Bewegung voll und ganz. In der Welt des Geistigen ist es jedoch genau gleich und Geist schwingt ebenfalls. Über die Zeit gesehen schwingen sogar Völker, Gesellschaften und Individuen zwischen extremen Positionen hin und her. Bei dieser Bewegung werden genauso Perioden des Kriegs wie des Friedens erlebt.

> ➤ **Alles verändert sich im rhythmischen Wechsel.**

Dieses Prinzip des Rhythmus ist eng verwandt mit dem Prinzip der Schwingung und Bewegung. Man könnte auch beide zusammenfassen, denn Schwingung und Bewegung führt über die Zeit gesehen zu einem rhythmischen Wechsel zwischen Extremzuständen und ruhigeren Zwischenphasen. Wie wir beim Thema Leben im Diesseits und Leben im Jenseits sahen, bestimmt das Prinzip uns auch individuell in wichtigster Weise.

> ➤ **Das Prinzip des Geschlechts.**

Überall und nicht nur bei Menschen ist das schöpfende männliche (m) und das empfangende weibliche Prinzip (w) am Wirken. So sehen wir die schöpfende Kraft der Sonne (m) und den empfangenden Mond (w). Für unser Thema der abstoßenden Wirkung der Dunklen Energie erkennen wir in ihr so ein *männliches* Prinzip und bei der anziehenden Dunklen Materie ein *Weibliches*. Das Prinzip des Geschlechts passt in schönster Weise zu der Aussage: Alles was wir im Universum vorfinden, sind Lebewesen.

Diese Kurzfassung der *Hermetischen Philosophie* lehnt sich an das *Kybalion* an. Das ist eine Darstellung der Hermetischen Philosophie in Buchform, die über die Jahrhunderte durch Tradierung von Interessierten und in die Gedanken dieser Philosophie eingeweihten Menschen auf uns gekommen ist. Die Kurzfassung soll dem Leser zeigen, wie vollständig und richtig diese Philosophie die Vorgänge in unserer Welt erfasst und beschreibt. Wie wäre es sonst möglich, dass viele der jüngsten Erkenntnisse der Physik *konform* gehen mit den Aussagen dieser Tausende von Jahren alten Philosophie? Mich überzeugt außer der Vollständigkeit der Aussagen auch die Tatsache, dass mit ihr verbunden nie ein weltliches Machtgebäude entstanden ist. Das ist aber bei Religionen häufig der Fall. So ist sie von Interessen der Macht oder des Egos nicht verformt und verändert worden. Sie stellt so ein uneigennütziges Angebot an Interessierte dar, sich ihrer zu bedienen.

Eine neue Erkenntnis ist: *Alle Arten von Geist haben ein Geschlecht.*

Ausgefrorener Geist: Neutrales Geschlecht. So bestehen Atome aus
(Normale Materie) Elektronen (w) und Protonen (m), deren entgegengesetzte Ladungen sich aufheben (plus Neutronen). Atome lassen sich ionisieren und aufspalten. Die weiblichen und männlichen Bestandteile werden so zu „freien Teilchen"

Anziehender Dunkler Geist: Weiblich
(Dunkle Materie)

Abstoßender Dunkler Geist: Männlich
(Dunkle Energie)

Das Geschlecht der „materiellen" Arten von Geist

Somit haben nicht nur wir Menschen ein Geschlecht, sondern alles, was wir im Universum vorfinden. Generell gilt außerdem: Alles bewegt sich, schwingt, rotiert und verändert sich im rhythmischen Wechsel. Die innere Struktur ist immer polar aufgebaut und das gilt im Großen (Universum, Galaxien und Sterne) sowie *analog* im Kleinen, der Welt der Festkörper, Moleküle, Atome, Elementarteilchen und Strahlung. Überall gelten dieselben Gesetze. Die Prinzipien von Ursache und Wirkung sowie das der Analogie sind wirksam. Im Folgenden sollen einige dieser Aussagen durch Bilder verdeutlicht werden.

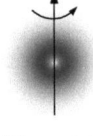

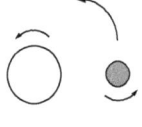

2 Elektronen. Sie rotieren mit positivem und negativem Spin und besitzen je eine negative Elementarladung. Sie sind hier dargestellt, als ob sie ein Volumen hätten, aber sie wirken nur über ihre Schwingungszustände so

Ein Wasserstoffatom. Ein Elektron (-) schwirrt um ein Proton (+) im Zentrum. Beide rotieren mit ihrem Spin. Obwohl sie sich anziehen halten sie "Abstand", weil es ihnen verboten ist, denselben Quantenzustand einzunehmen

Die Erde rotiert um die Sonne während sich beide um sich selbst drehen. Zusammen rotieren sie um das Zentrum unserer Milchstraße.

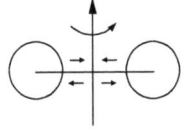

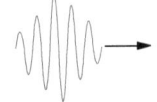

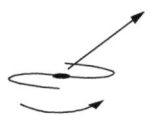

Ein Molekül aus 2 Atomen. Es rotiert und die Atome schwingen aufeinander zu und voneinander weg

Ein Strahlungspaket oder Strahlungsquant. Während sich elektrische und magnetische Energie dauernd schwingend austauschen, bewegt es sich mit Lichtgeschwindigkeit durch das Vakuum

Die Milchstrasse rotiert und bewegt sich mit einer hohen Eigengeschwindigkeit durch das Universum

Beispiele: Für die Welt der Teilchen | und im Großen

Ebenfalls im Großen, d.h. im Universum, befinden sich *der Anziehende Dunkle Geist* (Dunkle Materie) sowie *der Abstoßende Dunkle Geist* (Dunkle Energie). *Sie bilden zusammen eine Polarität*:

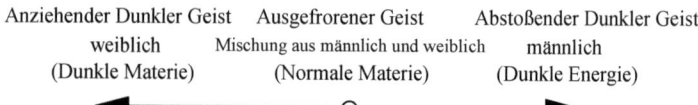

Anziehender Dunkler Geist	Ausgefrorener Geist	Abstoßender Dunkler Geist
weiblich	Mischung aus männlich und weiblich	männlich
(Dunkle Materie)	(Normale Materie)	(Dunkle Energie)

Die beiden "Dunklen Geistesarten" bilden eine Polarität. Zwischen ihnen ist der Ausgefrorene Geist angesiedelt, den man als androgyn bezeichnen kann, weil sich dort die Extreme neutralisieren.

Das Bild soll verdeutlichen, wie die „Normale Materie" im Universum von den beiden dunklen Geistesarten einerseits angezogen und andererseits abgestoßen wird. Wegen ihrer abstoßenden Wirkung treibt die „Dunkle Energie" auch noch die „Dunkle Materie" vor sich her. Die anziehende Kraft der „Dunklen Materie" zieht die aus Normaler Materie bestehenden Galaxien in die Bereiche, wo sie sich konzentriert hat. Deshalb finden wir um Galaxien und in Haufen von Galaxien so viel Dunkle Materie vor. Beide werden von der Dunklen Energie getrieben. Aus verschiedenen Richtungen wirkend, konzentriert sie so Galaxien in Haufen, was auch noch durch die gegenseitige Anziehung von Dunkler und Normaler Materie gefördert wird.

Diese Mischung aus Anziehung und Abstoßung bewirkte über die Zeit die heute vorgefundene Struktur unseres Universums. Das passt sehr gut zu seiner blasenartigen Struktur, die auf Seite 77 dargestellt ist, und auch auf Seite 182 nochmals beschrieben wurde.

Teil2. Weiterführendes und Schlussfolgerungen
Was können Geist und Physik voneinander lernen?

Wir sehen, wie sich Physik und die Geistige Sicht ergänzen. Beide zusammen führen zu einem verbesserten Verständnis unserer Welt, wenn es auch klar ist, dass wir auf beiden Gebieten noch viele Erkenntnisschritte brauchen werden. Vielleicht wird das nie enden.

Damit sind wir bei unserem vielleicht wichtigsten Kernthema angekommen:

Was können die Geistige Welt und die Physik voneinander lernen?

Wir sahen wie der geistige Blickwinkel neue Aspekte in so schwierige Themen der modernen Physik wie Dunkle Materie und Dunkle Energie gebracht hat. Man kann sie als Teil eines großen Lebewesens sehen und ihnen ein Geschlecht zuordnen. Manche Physiker werden vielleicht von dieser neuen Sicht nicht sonderlich begeistert sein und es ablehnen, das Universum als Lebewesen zu begreifen. Jeder kann aber sicherlich die folgende Aussage mittragen:

Auf welchen Gebieten wir auch immer versuchen, *ein tieferes Verständnis zu erarbeiten, zeigen sich überraschende Neuigkeiten.*

Im Weltall haben in jüngster Zeit nicht nur bessere Teleskope, sondern auch Detektoren auf der Erde und auf Satelliten überraschende und nie für möglich gehaltene Erkenntnisse geliefert. So entstanden durch das Lesen von Radiosignalen und kurzwelliger Strahlung ganz neue Wissenschaftszweige. Wir nennen als Beispiele die vielen Sternarten mit sehr unterschiedlicher Größe und Helligkeit, von denen viele ein bizarres Verhalten zeigen. Auch Physikern entschlüpft beim Beschreiben dieser Verhaltensweisen nicht selten ein Satz wie „als ob sie leben würden".

Als Beispiele nennen wir hier Neutronensterne, Pulsare, Doppel- und Mehrfachsternsysteme bis hin zu Schwarzen Löchern. Doch die Vielfalt des neu Entdeckten lässt sich hier nicht angemessen darstellen. Man kann sie hier nur erahnen.

Auf dem Gebiet der Theoretischen Physik wurden mit den Theorien der Relativität und der Quanten Meilensteine gesetzt für das verbesserte Verständnis der Welt im Großen und im Kleinen. Die durch diese Theorien angestoßenen Fortschritte im Verständnis von Zeit, Raum und Materie haben das Weltbild der Physik revolutioniert. Die Materie hat sich dabei Schritt für Schritt immer weiter „entmaterialisiert".

Im Kontrast zur Physik wurden die Grundlagen beim *Geistigen Weltbild* schon vor langer Zeit gelegt. Die Schöpfungsvorstellungen, die alten Philosophien und die Religionen prägten es maßgebend. Bei der auch verwirrenden Vielfalt, die so entstand, muss man sich vor Augen halten, dass es in Wirklichkeit immer um das gleiche Thema geht und ging: Wie und von wem wurde die Welt geschaffen; woher kommen und wohin gehen wir; was ist der Sinn des Ganzen; wie ist die Welt aufgebaut; welche Bestandteile und Struktur hat sie; auf welches Ziel hin entwickelt sie sich und wir selbst?
Doch auch das *Geistige Weltbild* ist immer im Fluss und wird nie fertig. Erst in jüngerer Zeit entstanden beispielsweise die homöopathische Heilmethode und viele alternative Vorgehensweisen in der Medizin. Es ist unmöglich, die Vielfalt hier darzustellen. Das gilt auch für die Entwicklungen in der Psychologie und in der Psychotherapie. Wir hatten ja schon früher es als eines unserer Defizite festgehalten, wie ungenügend wir uns selbst verstehen.

Man kann an dieser Stelle auch erahnen, wie lang der Weg noch sein mag, der die Menschheit zu einem besseren Verständnis ihrer Welt führen kann.
Und das gilt für das Geistige Weltbild genauso wie für das Wissenschaftliche.

Gegenseitige Akzeptanz als Voraussetzung

Im Folgenden wollen wir das Thema der gegenseitigen Befruchtung von Geist und Physik weiter ausführen. Im Sinne unserer Grundthese *„die Welt ist polar aufgebaut und vollständig"* muss es generell das Ziel sein, *die Sicht der anderen Seite gelten zu lassen und sie als Ergänzung und Erweiterung zu verstehen.* (Motto: Berührungsängste passen nun mal nicht, zu einer ganzheitlichen Sicht!).

Das gilt auch dann, wenn weder unsere Geistige Welt noch die Physik jeweils heute schon als vollständig bezeichnet werden können (auf die Defizite haben wir ja schon zu Beginn des zweiten Teils hingewiesen). Beide Seiten sollen und müssen ja das Ziel haben, immer vollständiger zu werden und letztlich zu etwas insgesamt Vollständigem und Ganzem zusammenzuwachsen. Das wird zwar noch sehr lange dauern, nähert sich dann aber der Einheit des Schöpfers immer mehr. *Deshalb ist der wichtigste Sinn des Lebens Erkenntnis.* Während wir die Polaritäten des Seins durchleben und uns dabei Schritt für Schritt an seinen Extremen erfreuen dürfen, diese aber auch erleiden müssen, werden wir immer vollständiger. Der Weg wird leichter, wenn wir die Botschaft von Jesus Christus immer besser annehmen und anwenden können, und dabei lernen, die Gegenseite immer weniger abzulehnen, sondern sie lieb zu gewinnen. Somit ist Liebe der wahre Schlüssel zur Reifung auf dem Weg hin zur Einheit.

Nun haben die Geistige Welt und die Physik jeweils besondere eigene Qualitäten und Erkenntnisse.

Was können sie also konkret voneinander lernen?

Für das, was die geistige Sicht von der Physik lernen kann, haben wir schon einige herausragende Beispiele kennengelernt. Die Erkenntnisse der Teilchenphysik, das Verständnis der Masse, die Natur von Licht und Strahlung sowie die Bildung von Sternen und ihr Ende sind nur einige der herausragenden Beispiele.

Nimmt man die Frage ernst, was das Ganze soll, so hat die Physik hier ein fast unlösbares Problem. Die Frage nach dem warum, die *Sinnhaftigkeit, Absicht und Zielorientiertheit,* ist halt keine Fragestellung, die in der Physik automatisch dazugehört. Sie sieht nur kausale Entwicklungen und enthält sich jeder Wertung. Und das ist auch wirklich wichtig und zu erhoffen! Denn es gibt auch Physiker, die sich anstrengen, einen Sinn möglichst überflüssig erscheinen zu lassen, und so beispielsweise auch den Schöpfer des Ganzen möglichst abschaffen wollen. Nimmt man den Zufall zu Hilfe, so braucht man ihn vielleicht nicht (wir erinnern an dieser Stelle an die Spekulationen über Multi-Universen S. 68 bis 70).
Im Kontrast dazu steht der Sinn bei der geistigen Sicht natürlich ganz im Vordergrund. Hier kann es keine wirklich unsinnigen Abläufe geben. Wenn uns manche Abläufe trotzdem unsinnig erscheinen, so liegt das an unserer persönlichen Sicht, die dazu neigt, nur die Hälfte eines in Wirklichkeit Ganzen zu erkennen. Als Beispiel haben wir ja schon die Sichtweise unseres Egos kennengelernt, das sich aus einem Ganzen gerne die

lieber akzeptierte Hälfte herauspickt, und den ungeliebten Teil möglichst verdrängt.

Genau hier, in dem Vorgang der Verdrängung, liegt ja eine der möglichen Quellen für *Krankheit und Unheilsein*. Das Ego hat dann mit der Verdrängung einen Verstoß gegen die Aufgabe des Menschen, nämlich vollständiger zu werden, begangen. Anders ausgedrückt kann man sagen, das Ego hat das Gesetz der Grundlegenden Polaritäten verletzt, die nicht ohne Rückwirkung oder Strafe beliebig veränderbar sind. Jedem Leser, der den Verstoß des Egos gegen die eigentliche Aufgabe des Menschen begreift, kann hier klar werden: Krankheit ist prinzipiell nicht vermeidbar.

Wir sind hier wieder auf einem Gebiet, wo die Physik von geistigen Prozessen lernen kann, denn mit ihren eigenen Mitteln kann sie hier keine Aussagen machen. In gewisser Weise hat sie sogar durch ihren Erfolg das Problem Krankheit verschärft, weil ihre materiebetonte Sichtweise in die Medizin und besonders in die sogenannte Schulmedizin Einzug gehalten hat. Ursachen werden dort vor allem im Umfeld gesucht und in Erregern usw. auch gefunden. Erreger lassen sich halt leichter diagnostizieren als geistige Prozesse verstehen. Wenn wir hier sagen, die Erreger sind keine Ursache und Krankheit liegt im jeweiligen Menschen begründet, so wird uns an dieser Stelle nicht viel freudige Zustimmung zufließen, denn plötzlich ist man selbstverantwortlich und kann diese Verantwortung nicht mehr beim Arzt abgeben. Das ist natürlich sehr unbequem. Viele Ärzte sprechen sogar mit einer unverständlichen Sprache zu uns, und das stört diejenigen Patienten nicht einmal, die ja mit ihrem Kranksein nichts zu tun haben wollen. Es ist aber so, *dass unser Körper gezwungen* war, ein Symptom auszubilden, um uns ein Bild unseres Versagens bei anstehender und nötiger Erkenntnis zu bieten. Dabei bildet sich das Symptom an einer Stelle aus, die dem nicht durchgeführten geistigen Prozess analog ist. So können sich beispielsweise nicht verstandene Drucksituationen im Blutdruck oder im Augendruck manifestieren. Eine im Kopf verweigerte Analyse kann Verdauungsbeschwerden zur Folge haben. Der Körper muss leiden, um uns eine Hilfestellung zu geben!

Wir selbst lassen das Symptom entstehen. Das macht aber nicht unser Oberbewusstsein, sondern unser „Selbst", unsere Seele. Sie verkörpert unser Gesamtbewusstsein, und so unseren bisher erreichten Reifezustand. Sie weiß, was zu tun wäre, kommt aber zu unserem Wachbewusstsein nicht direkt „durch" und muss den Körper benutzen, um das Problem zu signalisieren. Wenn wir das Angebot in den Wind schlagen und beispielsweise eine Symptomverschiebung veranlassen, so muss der Körper an anderer Stelle ein neues Symptom ausbilden, falls nicht inzwischen durch die Krankheit selbst, oder durch anderen Erkenntnisgewinn, das Problem überflüssig geworden ist. Dann ist der nötige Reifungsschritt doch noch erfolgt.

Stimmen unsere Aussagen, die weitgehend mit den Erkenntnissen von Thorwald Dethlefsen, Rüdiger Dahlke in ihrem Buch „Krankheit als Weg" übereinstimmen und eine Alternative zur Schulmedizin anbieten, so kann dem Leser klar werden: *Auf Grund der geistigen Prozesse, die hinter Krankheit stecken, ist sie prinzipiell nicht vermeidbar.* Als Kontrast dazu, und zum Glück, ist Gesundheit genauso nicht vermeidbar, denn unser Selbst weiß wohin der Weg gehen soll, selbst wenn das unser Wachbewusstsein nicht erkannt hat. Unsere Seele strebt ja nur danach, diesen Weg zu finden. Deshalb bietet sie auch ein Symptom an, als Hilfestellung. So sind wir immer irgendwo zwischen Gesundheit und Krankheit, und beides ist im Menschen präsent.

Es ist vielleicht ein Schock, aber wir müssen mit Krankheit leben, weil beispielsweise unser Ego nicht einfach abgeschafft werden kann, sondern höchstens individuell und durch harte Arbeit veränderbar ist. Mit dieser Arbeit und der ständigen Übung „was steht als nächster Reifungsschritt an", lässt sich eine aktuell mögliche Krankheit oder auch ein Unfall aber auch tatsächlich vermeiden!

Wir dürfen uns jedoch nichts vormachen. Nur wenige werden ihre Probleme alle erkennen können, und sterben muss jeder ohnehin. Dann darf der Körper seine treuen Dienste beenden. Unserer Ansicht nach ist das aber für den Menschen ja nicht das endgültige Ende.

So müssen nicht nur die Gesetze der Physik akzeptiert werden, sondern auch die Gesetze der Polarität und des Lebens.

Bei unserem letzten Thema Gesundheit und Krankheit ging es natürlich auch um *Freiheit und Bestimmtheit*. Der Mensch hat ja die Freiheit, sich aktiv für selbst gestaltete Reifung zu entscheiden, oder das nicht zu tun, und das eventuell sogar abzulehnen. Diese Freiheit hat aber im Prinzip auch jede einzelne Zelle. Falls sie dann das Gesamtkonzept Mensch nicht mehr unterstützt, so geht sie ihre eigenen Wege, und beginnt, sich direkt von ihrer Umgebung zu ernähren. In jedem Fall führt das zu ihrem Tod, denn der Mensch ist von ihrem Verhalten nicht begeistert, und versucht sie zu beseitigen. Falls dies dem Menschen misslingt, stirbt der ganze Körper und damit natürlich auch die Krebszelle. Gehorcht sie jedoch weiterhin dem Gesamtkonzept Mensch, so stirbt sie letztlich trotzdem, aber später und an Vorgängen, die sie nicht zu verantworten hat. Sie hat aber eine Bestimmtheit, die sie nicht umgehen kann, und auch der Mensch kann seine Bestimmtheit „Tod" nicht vermeiden.

Das ist also ein wichtiges Thema: *Freiheit und Bestimmtheit (oder Determiniertheit).* Wir sehen ein weiteres Paradoxon. Ist unsere Welt eine freie Welt, oder ist sie bestimmt und vorgegeben? Es scheint ein Widerspruch vorzuliegen, denn das eine schließt das andere scheinbar aus.

Wir sagen aber: *Sowohl als auch!* Beides gilt gleichzeitig. Es gibt die Freiheit der Entscheidung, aber auch die Bestimmtheit und Zielgerichtetheit, die sich für einen Menschen beispielsweise aus seiner Lebensaufgabe ergibt.

Wie ist nun die Physik ihre Aufgabe angegangen? Ihre Vorgehensweise ist gesetzmäßig. Nur was reproduzierbar messbar ist und so verifiziert werden kann, wird als gültig anerkannt. Die Physik hat sich somit von vornherein einem eigenen und glasklaren Grundsatz unterworfen, und dadurch wurde sie frei!

Aus dieser Freiheit heraus erzielte sie fast unglaubliche Erfolge und Erkenntnisse. Für unser heutiges Weltbild wurden diese Erkenntnisse prägend, so dass es nun maßgeblich von der Physik mitbestimmt ist. Es ist damit um einiges „materieller" geworden, und das hat vielen Menschen den Blick auf geistige Vorgänge etwas verstellt. Deren Qualität und Wichtigkeit wird deshalb oftmals nicht mehr angemessen wahrgenommen. Dann ist ein Mensch nicht mehr in Resonanz mit seinen eigenen geistigen Vorgängen und er kann leicht von seinem Weg

Teil2. Weiterführendes und Schlussfolgerungen
Was können Geist und Physik voneinander lernen?
Gegenseitige Akzeptanz. Die zwei Arten der Erkenntnis

abkommen. Seine Bestimmung zu erkennen ist dann für ihn schwieriger geworden. Da Freiheit und Determiniertheit sich gegenseitig auszuschließen scheinen, besteht heute eine Neigung, sich für das eine *oder* das andere zu entscheiden und das Abgelehnte für nicht mehr existent zu halten. Dabei wird leicht übersehen, dass es sich bei Freiheit und Determiniertheit um eine Grundlegende Polarität handelt. Sie kann nicht ohne Rückwirkung grob verletzt werden.

Deshalb muss man sich auch bei geistigen Dingen „unter das Gesetz stellen", um frei zu werden, denn es heißt Freiheit **und** Determiniertheit. Somit muss man die Existenzberechtigung von Beidem anerkennen. Dann ist dieses Gesetz nicht verletzt, und der Mensch bemüht sich, seine Lernaufgaben zu begreifen und zu lösen. *Das ist die erste und elegante Art der Erkenntnis.*

Es gibt jedoch noch eine *zweite Art der Erkenntnis*, die über die Verweigerung eingeleitet wird. Einige der Folgen haben wir schon beim Thema Gesundheit und Krankheit diskutiert. So hat die Verweigerung Leid zur Folge, und *die zweite Art der Erkenntnis ist Lernen durch Leiden*. Der Verweigerer muss es erleiden, und er wird von seinem Schicksal „zielgeprügelt". *Dieses Schicksal kommt aber nicht von außen*. Es ist ein persönlicher Besitz und wird von der jeweiligen Person selbst in Szene gesetzt!

Alle Probleme, die so entstehen, sind eigene Probleme, die es in selbstverantwortlichem Handeln zu erlösen gilt. So ist ein kleines Missgeschick ein zarter Hinweis, der auf das Problem hinweisen will. Er kommt aus unserem Unbewussten, das uns erst vollständig macht, aus unserer Seele. Diese wird von dem ihr übergestülpten Ober- oder Tagesbewusstsein sozusagen vergewaltigt und muss sich wehren! Es ist ein wenig so, als wenn der Schwanz des

Teil2. Weiterführendes und Schlussfolgerungen
Was können Geist und Physik voneinander lernen?
Gegenseitige Akzeptanz. Die zwei Arten der Erkenntnis

Hundes (Oberbewusstsein) bestimmen will, wo es für den Hund insgesamt langgehen soll (Seele).

Eine Steigerung ist dann ein größeres Missgeschick. So ist ein Unfall ein gröberer Hinweis auf ein Problem, dem aber typischerweise schon einige zartere Hinweise vorausgegangen sind. Er wurde aber nötig, weil die zarteren Hinweise in den Wind geschlagen wurden. Man kommt also um eine Bearbeitung seiner Probleme keinesfalls herum!

In der Qualität unterscheiden sich die beiden Arten der Erkenntnis jedoch, weil bei der zweiten Art die dahinter liegenden geistigen Vorgänge nicht wirklich bewusst geworden sind. Erlebt werden sie aber trotzdem, und kompensieren so doch einiges von der Einseitigkeit, mit der die Ausgangssituation angegangen wurde. Erlebt werden sie aber durch erleiden. So hat jeder Mensch die freie Wahl. Er kann sich dem Gesetz unterstellen, oder es verletzen, zu seinem Ziel kommen muss er aber in jedem Fall.

Wahrscheinlich haben wir auch an dieser Stelle nur wenige neue Freunde gewonnen, aber das Gesetzmäßige der Vorgänge ist hoffentlich deutlich geworden.

Das ist also das gewichtige Ergebnis unserer Analyse: *Freiheit führt zu Determiniertheit, und Determiniertheit führt zu Freiheit.* Deshalb musste die Physik mit ihrem gesetzmäßigen Vorgehen die Unbestimmtheit oder Unschärfe in der Teilchenphysik entdecken, und das, weil unsere Welt von ihrer polar aufgebauten Grundstruktur her so ist! Gemeint ist hier natürlich das Heisenberg´sche Prinzip der Unschärfe, die auch Relation der Unbestimmtheit genannt wird. Viele hochkarätige Physiker taten sich schwer damit, die Unbestimmtheit als etwas Gesetzmäßiges zu akzeptieren. Auch Einstein hatte

Teil2. Weiterführendes und Schlussfolgerungen
Was können Geist und Physik voneinander lernen?
Gegenseitige Akzeptanz. Folgen für Familien und Völker

damit Probleme, und er vermutete lange, dass das an etwas noch nicht Verstandenem liege. Er hoffte, die Unbestimmtheit könnte durch weitere Erkenntnisse wieder beseitigt werden. Das wird aber nie eintreffen, weil die Grundlegende Polarität Freiheit und Bestimmtheit eine Basis unserer Welt ist, und diese so von Grund auf strukturiert.

Unsere Sicht von Materie entwickelte sich ja über die Vorstellungen der Geschichte bis hin zu unserer Aussage: *Materie ist ausgefrorener Geist*. Geist aber, in allen seinen Formen und Ausprägungen, schwingt, und lässt sich deshalb nicht „festnageln".

Auch für die Menschen, *ihre Familien, Gesellschaft und Völker ist die grundlegende Polarität Freiheit und Bestimmtheit von höchster Bedeutung*. Für Individuen haben wir ja schon beim Thema Krankheit und Gesundheit, und bei den zwei Arten der Erkenntnis, auf die tiefgreifenden Konsequenzen hingewiesen. Aber auch bei Gesellschaften und Völkern schwingt über die Zeit gesehen das Pendel zwischen diesen beiden Polen. Deshalb ist es auch für Völker die elegantere Art des Lernens, sich dem Gesetz zu unterstellen um frei zu werden und auch zu bleiben.

Welches Gesetz das jeweils richtige ist, müssen die Völker selbst herausfinden, beziehungsweise sie müssen diese Gesetze mit Klugheit und Vorsicht selbst definieren, um sie so zu einer guten Basis ihres gedeihlichen Zusammenlebens werden zu lassen. Es kommt ganz besonders darauf an, auf der Basis von guten Grundsätzen Toleranz walten zu lassen, und als Politiker ein gutes Vorbild zu sein. Beim Abschnitt über Platon haben wir ja schon seine Vorstellungen von einem guten Politiker kennengelernt.

Teil2. Weiterführendes und Schlussfolgerungen
Was können Geist und Physik voneinander lernen?
Gegenseitige Akzeptanz. Folgen für Familien und Völker

Nicht selten ist jedoch auch bei Völkern die zweite Art der Erkenntnis angesagt und wirksam gewesen: Das Lernen durch Leid. Nimmt sich ein Volk wie beispielsweise Nazideutschland Freiheit und Rechte heraus, die zur Unterdrückung und Vernichtung anderer Völker führen, so darf es sich nicht wundern, „es erleiden zu müssen", denn es hatte die Erkenntnis verweigert und negiert, dass alle Völker eine Daseinsberechtigung haben. Man kann sogar sagen, je unangemessener und brutaler die gewählte Vorgehensweise ist, desto kurzlebiger ist das Staatsgebilde (ein Tausendjähriges Reich war ja angestrebt gewesen). Deshalb könnte es sich auch beim Islamischen Staat um eine kurze Episode handeln.

Es gab jedoch Völker, die klüger und mit mehr Geist vorgegangen sind. Als Paradebeispiel ist hier das Alte Ägypten zu nennen. Es hatte ja drei aufeinander folgende Perioden der Hochkultur, die zusammengenommen ungefähr 2000 Jahre dauerten (Altes, Mittleres und Neues Reich). In diesen extrem hierarchisch strukturierten Reichen gab es für alle klare und verbindliche Gesetze und Vorschriften. Sie waren von jedermann entsprechend seiner Stellung einzuhalten, die auch sehr unterschiedlich große Privilegien beinhaltete. Mit Demokratie hatte das nichts zu tun, was schon dadurch zum Ausdruck kommt, dass ein Gottkönig regierte, aber nicht durch Unterdrückung des Volkes. Es gab das große gemeinsame Ziel der dauerhaften Prosperität Ägyptens, das zu garantieren die besondere und vornehmste Aufgabe des Königs war, und das nicht nur zu seinen Lebzeiten, sondern und noch wichtiger, in seinem zweiten Leben nach dem Tode. Damit ihm das auch gelingen konnte, bauten die Ägypter mit Begeisterung die bekannten Königsgräber in Form von

Teil2. Weiterführendes und Schlussfolgerungen
Was können Geist und Physik voneinander lernen?
Gegenseitige Akzeptanz. Folgen für Familien und Völker

Pyramidenkomplexen und später mit anderen Ausgestaltungen.

Doch auch für die dauerhafteste der bekannten Hochkulturen schwang das Pendel zwischen Bestimmtheit und Freiheit, zwischen gesetzmäßiger Ordnung und Chaos. Es dauerte nur viel länger. Sich dauerhaft „guten Gesetzen zu unterwerfen" ist halt nicht einfach und selbstverständlich. Die gegenpolaren Kräfte sind nicht ewig aufhaltbar, und sie werden bei jeder Kultur zu einem Aufstieg und dann wieder zu einem Verfall führen.

Trotz dieser letztlich durch nichts aufzuhaltenden Vorgänge sind die Kulturen und Reiche der Griechen und Römer Beispiele für bewundernswerte Leistungen. Ihr Vermächtnis sind ihre hochwertigen und tiefen Erkenntnisse über unsere Welt, und das stellt so einen Schatz für die gesamte Menschheit dar. Wir erinnern hier an die Kopfleistungen Griechenlands im Monat „Widder" des Platonischen Weltenjahres (vergleiche auch die Seiten 107 bis 117). Die Dauer eines Monats dieses Weltenjahres entspricht ja ca. 2150 normalen Jahren. Dem Monat Widder folgte dann der Monat „Fische" nach und begann mit Jesus und der Geburt des Glaubens der Christen. Wir waren ja der Meinung, die Klassische Musik bildete den positiven Höhepunkt dieses Monats. Jedoch auch viele Kriege und Auseinandersetzungen gehörten dazu mit vielen Tiefpunkten wie beispielsweise die beiden Weltkriege.

Wenn wir nochmals zurückkommen auf Nazideutschland, so kann man die damalige Situation anhand der Polarität Freiheit und Bestimmtheit diskutieren, aber es geht genauso mit der Polarität Krankheit und Gesundheit. Was hat also Nazideutschland

Teil2. Weiterführendes und Schlussfolgerungen
Was können Geist und Physik voneinander lernen?
Gegenseitige Akzeptanz. Folgen für Familien und Völker

nicht erkannt, beziehungsweise wo hat es Erkenntnis verweigert und ist daran erkrankt? Natürlich war es durch die Folgen des Ersten Weltkrieges und dem Versailler Vertrag gedemütigt. Sein Ego war aufgestachelt und sein Selbstverständnis verletzt. Der Fehler war, dem Ego freie Bahn zu geben und dessen Aufteilung in gute und böse Völker rücksichtslos in Handlungen der Unterdrückung und Vernichtung umzusetzen. So war das Existenzrecht vieler Völker von Grund auf verletzt. Eine konstruktive Lösung für Europa und die Welt war damit blockiert. Das Symptom, das Deutschland als Folge seiner Erkenntnisverweigerung und Erkrankung ausbildete, war die Naziideologie und der von ihr ausgelöste Krieg. Das mobilisierte letztlich alle Kräfte der übrigen Welt, denn sie erkannte, es geht jetzt wirklich um alles. Das Krebsgeschwür Nazi-Deutschland, das drohte, sich rücksichtslos von seiner Umgebung zu ernähren, musste mit allen zur Verfügung stehenden Mitteln ausgerottet werden. Das galt natürlich genauso für Japan. Die Rolle der anderen mit Deutschland verbündeten und sympathisierenden Länder wie Italien usw., unterschlagen wir hier.

Das Ergebnis ist bekannt. Nun unterscheidet sich Tod und Umwandlung bei Völkern vom Tod für Individuen in wichtigen Punkten. Seine Umwandlung in ein anderes Sein hat nicht den Tod all seiner Menschen auf einmal zur Folge. Vielleicht deshalb haben es die Überlebenden leichter, die Lehre der Krankheit zu erkennen. Die Bereitschaft zu konstruktivem Handeln kann wachsen. Nur dadurch konnte sich Deutschland aus dem Sumpf befreien und zusammen mit Frankreich und Italien Schritt für Schritt zum Motor der europäischen Einigung mutieren. Etwas verwundert nehmen manche der ehemaligen Kriegsgegner wahr, dass Deutschland so zu

Teil2. Weiterführendes und Schlussfolgerungen
Was können Geist und Physik voneinander lernen?
Gegenseitige Akzeptanz. Folgen für Familien und Völker

einem der Gewinner der Nachkriegssituation wurde. Bezeichnenderweise entschuldigte sich Deutschland bei seinen früheren Gegnern für die verursachten Gräuel. Es zeigte so, dass es aus seinen Fehlern wirklich gelernt hat, und das ist bei Völkern etwas Seltenes. Die Wandlung setzte Kräfte frei, die Völkern fehlen, bei denen die Rückschau nicht zu einer Überprüfung und Veränderung des eigenen Selbstverständnisses und Handelns geführt hat. Starrsinn bedeutet ja, sich letztlich unvermeidlichen Wandlungen zu widersetzen, und das kann somit auch als Krankheit gesehen werden, die Leiden nach sich zieht. Starrsinn ist hier also gleichzusetzen mit einer Erkenntnisverweigerung. Eigentlich gehört es prinzipiell zur Lebensaufgabe eines Volkes, neue Gedanken in sein Handeln zu integrieren, die seiner Situation und der seiner Umgebung förderlich sind. Aber auch wenn dies verweigert wird, sorgen die Gesetze des Lebens über den Zeitverlauf gesehen dafür, dass Täter auch zu Opfern werden und umgekehrt. Damit werden diese Polaritätspaare auch wirklich und vollständig durchlebt. Das gilt für Individuen wie für Völker.

Eine Maxime, nach der schon im griechischen Kulturkreis und im *Römischen Reich* verfahren wurde war *das teile und herrsche*. So gab es in Roms Machtbereich Völker unterschiedlicher Klasse. Gerade erst besiegte Völker waren *Unterworfene*. Sie mussten Tribut bezahlen, konnten aber durch konstruktive Mitarbeit und Integration mehr Rechte erhalten. Sie wurden so zu *Verbündeten*, *Bundesgenossen* oder sie konnten sogar rechtlich den Römern gleichgestellt sein. Dann waren sie *Freunde des Römischen Volkes* und erhielten das Römische Bürgerrecht. Aber es gab eine Einschränkung. Alle diese Völker durften nur bilaterale Verträge mit Rom haben, untereinander aber keine

Teil2. Weiterführendes und Schlussfolgerungen
Was können Geist und Physik voneinander lernen?
Gegenseitige Akzeptanz. Folgen für Familien und Völker

abschließen. Dieses System entfaltete viel Dynamik beim Aufstieg des Reichs. Es machte Rom reich und bot gleichzeitig attraktive Chancen der Weiterentwicklung an. Über längere Zeit gesehen bewirkte es aber auch den Niedergang Roms, denn Veränderungen des Systems mit Augenmaß waren selten. Das reizte besonders die freiheitsliebenden Völker in seiner Nachbarschaft, sich zu wehren und Rom anzugreifen. Sie lernten von Rom Kriegstechnik, wurden erfolgreicher und das Ergebnis waren viele Kleinstaaten. So wurde Rom letztlich auch Opfer seiner eigenen Maxime, und aufgeteilt.

Diese etwas kurze und damit zwangsweise unvollständige Schilderung der Vorgänge muss bei Fachkennern natürlich auch Widerspruch hervorrufen. Uns geht es aber vor allem darum, das Prinzip und das Gesetzmäßige der Vorgänge zu zeigen.
Bei teile und herrsche hatte schon Goethe das Gefühl, es muss bessere Lösungen geben, und er hätte sich über die Zeit gesehen eine Veränderung dieser Maxime gewünscht. Das drückte er so aus:

„Entzwei und gebiete! Tüchtig Wort.
Verein und leite! Besserer Hort."

Auch für heutige vereinigte Staatsgebilde gilt das, und so besteht die Kunst darin, Gesetze und Regeln zu entwickeln die gut integrieren, und sie neuen Gegebenheiten gut anzupassen. Das erhöht ihre Stabilität, Prosperität und Dauer. Letztlich zerfallen müssen sie trotzdem irgendwann, denn auch ein großes Pendel schwingt, wenn auch natürlich mit einer längeren Schwingungsdauer.

Was können Geist und Physik voneinander lernen?
Gegenseitige Akzeptanz. Folgen für Familien und Völker

Nach diesen Ausflügen in die Konsequenzen der Grundlegenden Polaritäten Krankheit / Gesundheit und Freiheit / Bestimmtheit für Individuen und Völker kehren wir direkt zum obigen Thema zurück und fragen:
Warum sollen oder müssen Geist und Physik überhaupt voneinander lernen?
Meiner Meinung nach ist der Grund die Vollständigkeit unserer Welt, und das uns gesetzte Ziel, zu ihr hin zu reifen.
Bei den in diesen Ausflügen behandelten Themen kann die Physik ja wenig beisteuern. Diese sind jedoch genauso wichtig wie die Themen, bei denen die Physik Gewichtiges beisteuert. Wenn Geist und Physik also zusammen etwas Vollständiges sind, oder irgendwann sein könnten, so muss es ein Ziel sein, zusammenzuwachsen. Das heißt, es soll dabei jeder möglichst viel von der anderen Seite lernen und das Gelernte in das eigene Weltbild integrieren. Eine Bedingung hierfür ist jedoch, sich gegenseitig ohne Vorurteile anzuschauen, während beide wachsen.

Auf geistigem Weg sind ja die Vorstellungen über die Schöpfung vor langer Zeit entstanden, und die Physik kam erst kürzlich zum Urknall. Der Urknall ist aber nichts Anderes als der Schöpfungsvorgang aus physikalischer Sicht. Bei der Physik geht das zwar ohne Schöpfer und irgendwie von alleine los. Trotzdem machen hier beide über denselben Vorgang Aussagen. Diese sehen auf den ersten Blick sehr verschiedenartig aus. Das ist aber wegen der Unterschiedlichkeit des Zugangs kein Wunder. Über das Bindeglied der Ägyptischen Schöpfungsgeschichte fanden wir bemerkenswerte Analogien. Auch diese legen es nahe, dass hier wirklich über denselben Vorgang Aussagen

Teil2. Weiterführendes und Schlussfolgerungen
Was können Geist und Physik voneinander lernen?
Gegenseitige Akzeptanz. Folgen für Familien und Völker

gemacht wurden. Das gegenseitige Verständnis ist aber noch unterentwickelt. Die Sprachen sind sehr verschieden, und das hilft nicht wirklich, die andere Seite leicht zu verstehen. Wir stehen beim gegenseitigen Verstehen also erst am Anfang.

Dazu hat auch die Geistige Welt viel beigetragen. Die Vielfalt der Religionen mit jeweils eigenen Schöpfungsvorstellungen bietet ein unübersichtliches und uneinheitliches Bild. In unterschiedlichen Bildern und Aussagen wird die Schöpfung beschrieben und die Ansprüche der Kirchen auf die Alleingültigkeit ihrer eigenen Aussagen verwirren und stören mehr als sie nützen. Auch die vielfältige Welt der Philosophie kann die nötige Klarheit nicht einfach herbeiführen. Hier liefert ja meiner Meinung nach die Hermetische Philosophie den besten Ansatz zu einem besseren Verständnis der Vorgänge innerhalb der Schöpfung, die von dem Einen und Einigen geschaffen wurde.

Es ist also wirklich nicht einfach sich gegenseitig zu verstehen. Meiner Meinung nach ist das aber trotzdem gefordert und wichtig.

Zur besseren Übersicht sind im Folgenden einige Kernpunkte, um die es beim gegenseitigen Lernen geht, zusammengefasst dargestellt.

Damit diese Punkte zusammen auf einen Blick vergleichbar sind, sind sie im Folgenden auf zwei sich gegenüberliegenden Seiten dargestellt:

Geist von Physik

Subjektivität wird durch Objektivität ergänzt

Die Erkenntnisse der Physik, die sich der Wahrnehmung
durch die Sinne entziehen:

Der polare Aufbau der messbaren Welt (Ladung, Teilchen...).
Atome, Teilchen und Quanten.
Kosmologie und Relativität von Raum und Zeit.
Wie Masse zustande kommt.
Die Erhaltung von Masse, Energie und Impuls.
Der Dualismus von Welle und Korpuskel beim Licht; die
Konstanz der Geschwindigkeit des Lichts.
Aufbau und Struktur der Elemente.
Die Erkenntnisse über den Urknall (Kosmische
Hintergrundstrahlung, Rotverschiebung des Lichts weit
entfernter Objekte, die Bildung der ersten Teilchen).
Die Entstehung der Sterne und ihre Lebensläufe; Quasare,
Pulsare und Schwarze Löcher.
Die Abhängigkeit des Zeitablaufs von der Geschwindigkeit.
Die Krümmung des Raums durch Massen.
Das Alter des Universums.
Die Erkenntnisse der Physik über feste Körper.

Die kausale Denkweise des wenn dann.
Die Vergangenheit bestimmt die Zukunft.
Den Weg nach Außen finden.

Physik von Geist

Objektivität wird durch Subjektivität ergänzt

Die Erkenntnisse der Religionen und Philosophien über das nicht Messbare:

Die Grundstruktur der Welt ist generell polar.
Die Bedeutung der Grundlegenden Polaritäten.
Was ist Leben? Der Rhythmus des Lebendigen.
Die Qualität und Subjektivität der Zeit und des Raums.
Die obere Instanz, die Lebewesen und ihre Körper steuert, ist geistiger Natur (der Primat des Geistes).
Die nicht materielle Welt hat ihre eigenen Gesetze, die die Zielgerichtetheit und Synchronizität der Ereignisse regeln.
Die Gründe für Krankheit und Gesundheit.
Die Gründe für Freiheit und Bestimmtheit.
Liebe und Hass.
Leben und Tod. Der Sinn des Lebens.
Die geistige Struktur von Menschen und Lebewesen (Ober- und Unbewusstsein, Körper, Seele und Astralleib).
Die Erkenntnisse der Astrologie; Talente und Defizite finden.
Lebensaufgabe und Ziel.

Die analoge Denkweise des sowohl als auch.
Das Ziel ist die Ursache.
Den Weg nach Innen finden.

Teil2. Weiterführendes und Schlussfolgerungen
Kernpunkte des gegenseitigen Lernens für Geist und Physik
Die Gehirnhälften und die menschlichen Talente

Man sieht, die Geistige Welt kann durch die Physik mit deren Erkenntnissen über die Vielfalt und Tiefe des Materiellen bereichert werden, und die Physik hat die Chance, durch den geistigen Blick das Leben in seiner Vielfalt und Tiefe besser zu verstehen.

Die Gehirnhälften und die menschlichen Talente

Damit das gelingen kann, haben wir auch *zwei Gehirnhälften*, die sich bezüglich der *Talente*, die sie fördern können, genial ergänzen. Die linke Gehirnhälfte ist über die Nervenbahnen bevorzugt mit der rechten Körperhälfte verbunden und steuert deshalb, und als Beispiel, die rechte Hand. Hier sind die als männlich bezeichneten Talente der Analyse, Logik und Aktivität beheimatet. Die rechte Gehirnhälfte steuert über die Nerven bevorzugt die linke Körperhälfte und so auch die linke Hand. Dort sind die als weiblich gesehenen Talente der Intuition, des Analogen und Ganzheitlichen Denkens und der Passivität beheimatet.

Die Darstellung auf der nächsten Seite bietet eine Übersicht der wichtigsten Zusammenhänge. *Sie zeigt, was für ein schönes Beispiel für Polarität unser Gehirn ist*. Sein polarer Aufbau ist sicher eine Folge der polaren Struktur unserer Welt, die unser Gehirn ja erfassen können soll und muss. *Deshalb* hat es sich so entwickelt, und seine Struktur spiegelt die Polarität der Welt wider. Das zeigt auch, unser *Bewusstsein selbst hat eine polare Struktur*, um damit unsere Welt besser erkennen zu können. Es kann die polaren Hälften der Wirklichkeit aber nur nacheinander sehen und lässt so „Zeit entstehen". Ginge das auf einmal, so könnten wir die Einheit des Ganzen in all seiner Zeitlosigkeit erkennen. Akzeptiert man unsere Aussage, die Seele repräsentiert

Teil2. Weiterführendes und Schlussfolgerungen
Kernpunkte des gegenseitigen Lernens für Geist und Physik
Die Gehirnhälften und die menschlichen Talente

unser gesamtes Bewusstsein, *so hat auch unsere Seele eine polare Struktur.*

Talente, die von den Gehirnhälften
besonders gut unterstützt werden

Schematische Darstellung des Gehirns

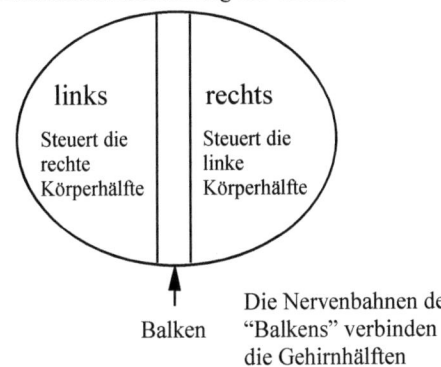

links | rechts

Steuert die
rechte
Körperhälfte

Steuert die
linke
Körperhälfte

Balken — Die Nervenbahnen des
"Balkens" verbinden
die Gehirnhälften

<u>männlich</u>	<u>weiblich</u>
rechte Körprhälfte	linke Körprhälfte
Intelligenz	*Intuition*
Analytisches, Kausales und Logisches Denken	*Ganzheitliches und Analoges Denken*
Sprache, Rechnen und Schreiben	*Gestalterkennung und Erfassung von Ganzheit*
Aktivität	*Passivität*

Teil2. Weiterführendes und Schlussfolgerungen
Kernpunkte des gegenseitigen Lernens für Geist und Physik
Die Gehirnhälften und die menschlichen Talente

Dem Leser mögen die geschilderten Zusammenhänge eine weitere Hilfestellung sein, die Gedanken über Krankheit und Gesundheit, über Einseitigkeit und Vollständigkeit, zu vertiefen. Ich betone hier, die Zusammenhänge sind keineswegs so schwarzweiß, wie es auf den ersten Blick erscheinen mag. Jeder Mensch hat eine mehr oder weniger ausgewogene Mischung von Talenten in sein Leben mitbekommen. Wir haben so weibliche und männliche Talente gleichzeitig. Damit hat jeder die Chance, seine Lebensaufgabe anzugehen und hoffentlich auch zu bewältigen.

Es kann aber auch das Folgende noch klarer werden: *Einseitigkeit und Unterdrückung von Hälften Grundlegender Polaritäten stellt eine große Gefahr für uns Menschen dar.* Es ist *die Falle*, die uns Leid und Unheil beschert, wenn wir in sie tappen.

Durch Einseitigkeit verletzen wir unser Bewusstsein, das heißt unsere Seele. Sie ist aber unsere oberste Instanz und versucht, uns auf den richtigen Weg zurückzubringen, denn wir sind durch Einseitigkeit *unheil* geworden. Deshalb benutzt unsere Seele Krankheit, um uns, sich selbst und uns insgesamt als Mensch in der Reifung zu helfen, und durch Krankheit wieder *heil* zu werden. Auch in den Fällen, bei denen die Hilfestellung Krankheit wenig Bewusstseinsveränderung bewirkt, weiß unsere unsterbliche Seele, ein wenig Reifung ist durch das Durchleben der Krankheit, des Missgeschicks oder des Unfalls doch erfolgt, selbst wenn der Tod eintreten sollte. Außerdem werden sich im nächsten Leben mit Sicherheit neue Chancen bieten, die verweigerte Erkenntnis doch noch zu erlangen.

An dieser Stelle sind auch ein paar Gedanken zu *Links- und Rechtshändigkeit* sinnvoll. Wir kommen ja aus

Teil2. Weiterführendes und Schlussfolgerungen
Kernpunkte des gegenseitigen Lernens für Geist und Physik
Links- und Rechtshändigkeit. Der Kampf gegen…

gutem Grund als Links- oder Rechtshänder auf die Welt.

Links- und Rechtshändigkeit

Es soll uns als Linkshänder die Möglichkeit bieten, die Werte, die auf Seite 223 unter der linken und als weiblich bezeichneten Körperhälfte gelistet sind, besser zu *begreifen*. Das gilt natürlich ganz genauso für die Talente der rechten und als männlich bezeichneten Seite, die der Rechtshänder leichter begreifen kann. Fast automatisch kann hier klarwerden, wie unsinnig ein „Umdressieren" der Händigkeit ist. Es kann den betroffenen Menschen eigentlich nur verwirren und sein Leben erschweren. Positiv sehen kann man jedoch eine bewusste Entscheidung, die „schwächere Seite" durch Übungen zu stärken. Manche Menschen haben so Beidhändigkeit erlangt. Das ist dann eine eher noch besser ausgewogene Art, unsere Welt gut zu begreifen. Es kommt aber vor allem auf die Mischung der Talente des betroffenen Menschen an. Selbst bei einer unsinnigen und eigentlich nicht zulässigen Einflussnahme der Umgebung auf die Händigkeit eines Menschen, können seine Talente es erlauben, die Erschwernis zu überwinden, und „er wächst dann über sich hinaus". Da die Talente und ihr Zusammenspiel aber nicht so leicht von außen erkennbar und bewertbar sind, hält sich die Umgebung besser aus der Sache heraus. Es sei hier auch nochmals die Astrologie erwähnt, die den vielleicht elegantesten Zugang bietet, unsere Talente und Defizite zu erkennen.

Der Kampf gegen

Wir kommen nun auf ein Hauptübel unserer heutigen Zeit zu sprechen. Es ist *der Kampf gegen…* Wie früher

Teil2. Weiterführendes und Schlussfolgerungen
Kernpunkte des gegenseitigen Lernens für Geist und Physik
Links- und Rechtshändigkeit. Der Kampf gegen...

dargelegt, ist das auch beeinflusst durch den Siegeszug der Wissenschaft der Physik und ihrer materiebetonten und nur kausal denkenden Wertevorstellung. Leider wird dieses kausale wenn-dann Prinzip heute fast überall ohne Bedenken und Hinterfragen, ausschließlich und unwidersprochen angewandt, und nicht nur im Sport, wo Kampf richtig aufgehoben ist.

Ein Kampf gegen führt ja fast unvermeidlich zu der Verletzung Grundlegender Polaritäten und damit zu Leid.

Beim Thema Krankheit und Gesundheit haben wir versucht, die Folgen aufzuzeigen, wenn wir auch noch gegen uns selbst kämpfen. Das „wenn-dann" Prinzip beschert uns scheinbare Ursachen für Krankheit beispielsweise in Form von Keimen. Diese gilt es dann zu bekämpfen, und der Blick auf die geistigen Zusammenhänge ist verstellt. Dieser Blick kommt zu einem völlig anderen Ergebnis, denn als erstes ergänzt er das „wenn-dann" durch ein „Sowohl als auch". Im Falle einer Infektion sind auch immer Viren, Bakterien usw. anwesend, aber wir haben sie hereingelassen, *damit* wir krank werden können. Sie sind ja immer und überall vorhanden und wir werden trotzdem nicht dauernd krank. Das wird meist einer guten Konstitution und starken Immunabwehr zugeschrieben, und trotzdem werden wir auch in solchen Fällen plötzlich krank.
Die hereingelassenen Keime etc. sollen uns als Beispiel aber nur einen Hinweis auf das geben, worüber wir bei einer Erkältung wirklich verschnupft sind, und wo wir eine Erkenntnis verweigert haben. Wir sind deshalb immer nur über uns selbst verschnupft, und wir sind kein Opfer von Keimen.

Teil2. Weiterführendes und Schlussfolgerungen
Kernpunkte des gegenseitigen Lernens für Geist und Physik
Links- und Rechtshändigkeit. Der Kampf gegen...

Wir wollen aber hier nicht all die schon an anderer Stelle ausführlicher dargestellten Zusammenhänge nochmals wiederholen, sondern uns auf den Kampf gegen scheinbare äußere und innere Feinde konzentrieren.

Wir kämpfen gegen den Krebs und versuchen, die Krebszellen zu beseitigen. Bei Allergien kämpfen wir gegen in Wirklichkeit harmlose Pollen (!), und bei einer Autoimmunkrankheit schrecken wir nicht davor zurück, Teile unseres Körpers direkt zu attackieren.

Das sind alles Ergebnisse einer einseitigen Haltung, die somit praktisch automatisch Kampf auslöst. Das setzt sich fort im Äußeren mit Krieg, Vertreibung und Intoleranz.

Deshalb sollten wir den Gedanken ernst nehmen, ob wir in Wirklichkeit in all diesen Fällen nur gegen uns selbst kämpfen. Dann kann es auch keinen Gewinner geben, und der Kampf ist gänzlich sinnlos.

Das haben auch viele Menschen erkannt, und alternative Wege entwickelt. Diese ersetzen Kampf meistens durch ein „Zulassen". Als wichtigster Punkt ist das, den Gedanken zuzulassen, dass es sinnvollerweise nur darum gehen kann, sich selbst zu verändern. Dazu gehört auch die Erkenntnis: Andere Menschen ändern zu wollen und zu können ist eine Illusion! Verändern wir uns aber selbst, so verändern wir tatsächlich. Wir haben dann aufgehört, die Welt in Gut und Böse aufzuteilen, und nicht nur wir selbst sind dann anders, auch die anderen Menschen und sogar die bisherigen Feinde haben sich verändert. Diese gibt es nämlich nur dann, wenn wir sie dazu *machen*. Sind wir jedoch durch unsere eigene Veränderung mit ihnen in Harmonie gegangen, so sind sie verschwunden!

Teil2. Weiterführendes und Schlussfolgerungen
Kernpunkte des gegenseitigen Lernens für Geist und Physik
Links- und Rechtshändigkeit. Der Kampf gegen…

Das ist natürlich ein langer und leider noch selten begangener Weg. Auf diesem Weg hilfreich begleiten kann uns „die Umwelt als Spiegel", denn an dem, was uns noch im Außen stört, können wir noch vorhandene eigene Defizite erkennen, mit denen wir noch nicht „im Reinen sind". Auch Achtsamkeit vor allem was lebt und Sensibilisierung dafür im Zusammenleben ist sehr hilfreich.

Es kommt also gar nicht so sehr darauf an, die Welt zu verbessern, denn die ist schon vollständig. Viel wichtiger ist es, ihre Grundlegenden Polaritäten zu erkennen und diese nicht zu verletzen. Dazu gehört es auch, die Existenzberechtigung des Anderen und von anderen Völkern anzuerkennen. Dadurch entsteht dann weniger Leid, denn diese Polaritäten müssen dann nicht mehr durch Ausübung von Zwängen ihre gesetzmäßige Vollständigkeit wieder herstellen. Wir sind dann auf dem eleganten Weg des Lernens der ersten Art, und wir haben uns unter das Gesetz dieser Polaritäten gestellt. So vermeiden wir viel Leid. Wir akzeptieren die Polaritäten dann wirklich, erkennen ihre Vollständigkeit, und sehen, dass sie Einheiten darstellen. Sie repräsentieren die Einheit des Schöpfers.

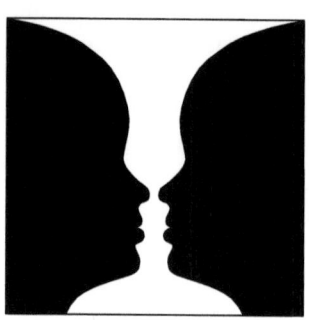 

Ausgehend von den Grundlagen auf geistigem wie auf physikalischem Gebiet versuchten wir ein möglichst vollständiges Weltbild aufzubauen. Dieses braucht Geist *und* Physik in gegenseitiger Ergänzung. Das Motto des „Sowohl als auch", mit dem Zulassen des gegenseitigen Lernens, war der Schlüssel für ein verbessertes Verständnis unserer aus Gegensätzen aufgebauten Welt. Diese Polaritäten bilden die Grundstruktur auf dem geistigen wie auf dem physikalischen Gebiet. Wir nannten diese Polaritäten auch grundlegend, weil ihre Hälften zusammen eine Einheit bilden, die etwas Vollständiges ist. Diese Polaritäten unterliegen Gesetzen, die überall gelten. Sie stellen ein mächtiges Werkzeug dar, das geeignet ist, tiefere Zusammenhänge auf den unterschiedlichsten Gebieten aufzudecken.

So kann Geist der Physik helfen, das Leben besser zu verstehen. Für uns Menschen fanden wir das Grundkonzept Körper, Seele und Geist, das später um den Astralkörper erweitert wurde. Dabei steuert unser Gesamtbewusstsein, unsere Seele, unseren Körper. Zusammen leben sie, solange sie beide mit dem universellen Geist und Leben verbunden bleiben. In rhythmischem Wechsel durchlaufen wir dabei die Lebensphasen im Diesseits und im Jenseits, jeweils mit eigenen Reifungs- und Erkenntnisschritten. Diese haben wir als Sinn des Lebens bezeichnet, und sie sollen uns dem langfristigen Ziel näherbringen, uns unserer eigenen Vollständigkeit, und der unserer Welt, bewusst zu werden.

Die Aussagen der Religionen und Philosophien prägten dieses Weltbild, wobei die Philosophie der Hermetik einen dominanten Beitrag geliefert hat. Nach ihr ist die Welt grundlegend geistiger Natur, und alles was wir in ihr vorfinden, lebt. So besteht sie aus Geist, und ihre vielen Geistesarten spannen sie insgesamt auf. Ihre polar aufgebaute Grundstruktur folgt Gesetzen, die überall gelten, und zwar in der Außenwelt wie auch analog in der Innenwelt. Alles schwingt und rotiert, und folgt dabei auch noch dem Gesetz der Kausalität. Das führt zu Zuständen, die sich im rhythmischen Wechsel ablösen. Diese Wechsel erzeugen auch Veränderungen und Wachstum, das die Richtung der Entwicklungen vorgibt. Alles lebt und hat ein männliches oder weibliches Geschlecht, wobei auch unterschiedlich starke Ausprägungen und Mischformen vorkommen.

Am Beispiel von Platon fanden wir, dass subjektive Erkenntnis zu der objektiven Erkenntnis der Ideen führen kann. In der gleichen Weise führt Freiheit letztlich zu Bestimmtheit und umgekehrt. Dieses Paar gestaltet unseren Weg durch Krankheit und Gesundheit, der durch abgelehnte Erkenntnis und bewusst angenommene Erkenntnis geprägt wird. Im Inneren wie im Äußeren erleben wir Phasen des Kriegs und des Friedens mit ihren eigenen großen Herausforderungen.

Insgesamt kann so Geist der Physik helfen, das Innere und das Leben besser zu verstehen, und den Weg nach Innen auch zu finden.

Mit ihren bisherigen und künftigen Erkenntnissen liefert die Physik wiederum wertvollste Beiträge zur Ergänzung und Vervollständigung des geistigen Weltbildes. Ihr tiefer Blick in die Welt der Teilchen und in die Weiten des Universums brachte Überraschendes bis Exotisches zutage, das nicht einfach auch auf andere Weise erkennbar gewesen wäre.

Beide Sichtweisen stimmen darin überein, dass alles schwingt und rotiert, und dabei rhythmischen Wechseln unterliegt. Bei der Physik ist das Gesetz der Kausalität dominant, und das Gesetz der Analogie ist bei ihr nicht sehr entwickelt. Doch auch sie hat die universelle Gültigkeit ihrer Gesetze nachgewiesen, das heißt, sie gelten im Großen wie im Kleinen.

Bei den jüngsten Erkenntnissen der Physik über den Urknall und den durch ihn eingeleiteten exotischen Entwicklungen, „berühren" sich die alten Schöpfungsvorstellungen und der Urknall.

Das ursprünglich dominant materiell geprägte Weltbild der Physik begann sich durch ihre eigenen Erkenntnisse in der Teilchenphysik und der Quantentheorie immer mehr zu „entmaterialisieren". Die Theorie der Relativität und die Quantentheorie brachten immer mehr subjektive Aspekte ans Licht, weil ihre Ergebnisse eine Abhängigkeit von der Vorgehensweise und dem Zustand des Beobachters zeigten. Das hat die Grundsätze der Physik entscheidend verändert. Sie startete ja mit einer streng objektivierenden Vorgehensweise und ihre Ergebnisse zeigten nun auch subjektiven Charakter, denn die Ergebnisse erwiesen sich als abhängig vom Zustand und von der Vorgehensweise des Beobachters. Der tiefere Grund dafür liegt sicher im Aufbau unserer Welt. Wenn sie in ihrer Grundstruktur aus Polaritäten wie Subjektivität und Objektivität besteht, muss man ausgehend von Objektivität auch auf Subjektives stoßen, wenn man an ihre äußersten Grenzen vordringt. So führt Objektivität letztlich zu Subjektivität und umgekehrt.

Insgesamt kann so Physik der Welt des Geistes helfen, das Äußere im Großen wie im Kleinen besser zu verstehen.

Das ist ein Ergebnis, das die Geisteswelt hoffentlich als Bereicherung begreifen kann. Wenn sie dominant subjektiv gestartet war, so muss sie im Umkehrschluss bei ihrem Vordringen an äußerste Grenzen auch auf Objektives stoßen.

Erik Hornung. **DER EINE UND DIE VIELEN**.
Ägyptische Schöpfungsvorstellungen.
Wissenschaftliche Buchgesellschaft Darmstadt.

Thorwald Dethlefsen. **Schicksal als Chance**.
Das Urwissen zur Vollkommenheit des Menschen.
Goldmann Verlag.

Michael Riordan   David N. Schramm.
Die Schatten der Schöpfung.
Dunkle Materie und die Struktur des Universums.
Spektrum; Akademischer Verlag.

Thorwald Dethlefsen   Rüdiger Dahlke.
KRANKHEIT ALS WEG.
Deutung und Bedeutung der Krankheitsbilder.
Goldmann Verlag.

T. Dethlefsen. **Das Erlebnis der Wiedergeburt**.
Goldmann Verlag

KYBALION.
Eine Studie über die Hermetische Philosophie des
Alten Ägyptens und Griechenlands.
Akasha Verlag Heidelberg.

Harald Lesch   Jörn Müller.
Sterne. Wie das Licht in die Welt kommt.

Viele ergänzende Studien sind über das Internet erfolgt.

Die Erkenntnisse der Physik wurden nicht durch einzelne
Literaturangaben belegt. Sie gelten als Allgemeingut und
stehen in diesem Sinn jedermann zur Verfügung.

Im Register sind die Seiten fett hervorgehoben, auf denen das angeführte Thema schwerpunktmäßig dargestellt ist.

Bei der Seitenzahl heißt: f auch die folgende Seite, und ff auch die folgenden Seiten gehören zum Thema.

Z